Sepp Jendryschik

ZGODA

Eine Station auf dem schlesischen Leidensweg

Dokumentation über eines der
Konzentrationslager in Polen, die ab Winter
1944 zur Vernichtung der deutschen
Bevölkerung in den besetzten deutschen
Ostgebieten errichtet worden waren

Verlag für ganzheitliche Forschung

1997
© Verlag für ganzheitliche Forschung
D-25884 Viöl, Postfach
Satz, Lektorat, Ergänzungen: Roland Bohlinger
Druck: Eigendruck

ISBN 3-927933-67-8

INHALT

Zum Andenken
an die Opfer

Einführung

Das polnische Konzentrationslager ZGODA lag in der Region Kattowitz in Ost-Oberschlesien, und zwar in der Kleinstadt Schwientochlowitz – auch Eintrachtshütte genannt, unweit der dort befindlichen Markthalle.

Die Übersetzung des Wortes *Zgoda* in die deutsche Sprache lautet nach dem deutsch-polnischen Wörterbuch von Langenscheidt (Ausgabe 1981, Seite 205): Eintracht, Einträchtigkeit oder Einverständnis. Welch bitterer Hohn, ein Vernichtungslager mit einem solchen Namen zu bezeichnen, wo Tausende von Menschen in abscheulicher Art gefoltert und umgebracht wurden. Über die verübten Grausamkeiten berichteten nach Auflösung des Lagers im Herbst 1946 überlebende Männer und Frauen. Viele der Berichte werden in diesem Buch angeführt.

Die Frage taucht auf, warum erst nach Ablauf von über 50 Jahren eine umfassende Dokumentation erstellt wurde. Die Gründe hierfür sind mannigfaltig. Es wird darüber noch berichtet werden.

Ein kurzer Rückblick auf die vergangenen zwei Jahrtausende soll hier in Umrissen aufzeigen, wie sich der politische und wirtschaftliche Wandel Oberschlesiens vollzogen hat.

Ursprünglich siedelte in Schlesien ein Stamm der Kelten. Dieser wurde später – um etwa 100 v.d.Ztr. – von dem germanischen Stamm der Vandalen verdrängt. Die Vandalen nahmen ihren Hauptsitz auf dem Berg Zopten. Etwa um 400 n.d.Ztr. verließ ein Teil der Vandalen ihre schlesische Wahlheimat. Auf ihren bekannten Zügen, zuletzt unter ihrem König Geiserich, kamen sie schließlich bis nach Karthago (heutige Bezeichnung Tunis), wo sie ein Reich gründeten. Im Laufe der folgenden Jahrhunderte verschwanden die Vandalen in Afrika von der Bildfläche.[1]

---

[1] Siehe dazu u.a.: Hermann Schreiber, *Die Vandalen*, Scherz-Verlag, München 1979.

Nach dem teilweisen Abzug der Vandalen aus Schlesien drangen sogenannte slawische Stämme in Schlesien ein. Nach Prof. Dr. Helmut Schröcke waren diese Slawen Nachfahren der Ostvandalen, die Jahrhunderte zuvor von den Goten nach Osten gedrängt worden waren und nun wieder zurückwanderten.[1]

Seit Ende des 10. Jahrhunderts gehörte Schlesien zu Polen. Dank dem Eingreifen Kaiser Friedrichs des Zweiten wurden im Jahre 1163 die Söhne des polnischen Piastenherzogs Wladislaus des Zweiten selbständige Herzöge von Schlesien. Die schlesischen Piasten wandten sich frühzeitig der deutschen Kultur zu und förderten eifrig die friedliche Eindeutschung des Landes.[2] Herzog Heinrich der Zweite, der Fromme von Breslau, brachte im Jahr 1241 in der Schlacht auf der Wahlstatt bei Liegnitz, in der er selbst fiel, den großen Mongoleneinfall zum Stehen. 1327-1329 begaben sich die meisten der schlesischen Herzöge unter böhmische Lehnshoheit. In der Folgezeit zog Böhmen, dessen Krone seit 1526 die österreichischen Habsburger trugen, viele Fürstentümer ein, so 1675 Liegnitz, Brieg und Wohlau. Doch bewahrte sich Schlesien immer eine besondere Stellung gegenüber Böhmen. Durch die *Schlesischen Kriege* kam 1742 Schlesien bis zur Oppa mit der Grafschaft Glatz an Preußen. Friedrich der Große machte es zum Mutterland der preußischen Verwaltung des 18. Jahrhunderts. Dann wurde Schlesien 1815 noch durch den größten Teil der bisher sächsischen Oberlausitz vergrößert.[3]

Etwa in der Mitte des 19. Jahrhunderts wurden in Oberschlesien die kostbaren Kohlevorräte, die sich zur Verhüttung besonders eigneten, dazu andere wertvolle Rohstoffe (Zink u.a.m.) entdeckt. Verschiedene Standorte wurden von sogenannten deutschen Industrie-Baronen aufgekauft und mit deutscher Fördertechnik ausgestattet. Zugleich entwickelten sich aus kleinen Ortschaften größere Städte und es kam zu einem Mangel an Arbeitskräften. Von dem Arbeitskräftemangel vernah-

---

[1] Helmut Schröcke, *Germanen - Slawen*, Nordfriesische Verlagsanstalt, Husum 1996. Näheres siehe dort.

[2] Was ohne große Schwierigkeiten erfolgte, da die Einwohner Schlesiens den Deutschen stammverwandt waren, siehe dazu Schröcke a.a.O.

[3] Siehe: *Der Neue Brockhaus*, 4. Band, Leipzig 1938, S. 92.

men auch die in Grenznähe in Russisch-Polen wohnenden arbeitslosen Polen. Sie verdingten sich als Gastarbeiter. Viele wurden dann im Laufe der nachfolgenden Jahre in Oberschlesien ansässig, ähnlich wie das in späteren Jahrzehnten auch im Ruhrgebiet geschah oder in landwirtschaftlichen Gegenden, wo sich Polen als Erntehelfer verdingten. Viele polnische Namen im deutschsprachigen Raum zeigen auch heute noch an, daß vielen Polen in Deutschland Bleiberecht gewährt worden ist, so auch in Oberschlesien.

Einwanderer haben meist Schwierigkeiten mit der Sprache des Einwanderungslandes, besonders dann, wenn unter ihnen das Analphabetentum weit verbreitet ist. Das war seinerzeit bei den einwandernden Polen der Fall. Die Folge war die Entwicklung der "wasserpolnischen Sprache", eines Kauderwelschs, das aber kaum als Umgangssprache bezeichnet werden kann und das auch nirgends literarisch verankert wurde.

1917 stellten Deutschland und Österreich ein freies und unabhängiges Polen wieder her. In dem polnischen Danktelegramm an den Deutschen Kaiser Wilhelm II. und an den Österreichischen Kaiser Franz Josef I. heißt es:

"An diesem Tag, in dem das polnische Volk erklärt, daß es frei sei ... durchdringt die Brust eines jeden freiheitliebenden Polen das Gefühl der Dankbarkeit gegenüber denjenigen, die es mit ihrem Blute befreit und zur Erneuerung eines selbständigen Lebens berufen haben."

Polens Dankbarkeit war aber nur von kurzer Dauer.

Bis 1919 hatte sich Oberschlesien als Teil des gesamten Schlesiens entwickelt. Das Deutschtum, welches der Kulturträger im Lande war, erlitt im 15. bis 17. Jahrhundert durch die *Hussitenkriege* und den *Dreißigjährigen Krieg* einen starken Rückschlag. Einen neuen Aufschwung brachte die preußische Herrschaft seit der Mitte des 18. Jahrhunderts, die auch den Grund zum Aufbau der Industrie und des Bergbaus in Oberschlesien legte. Um 1900 war der inzwischen seßhaft gewordene polnische Bevölkerungsteil fast durchweg preußisch gesinnt, erst dann wurde nationalpolnische Propaganda erfolgreich aus Posen und anderswo ins Land getragen.[1]

Der Krieg 1914-1918 hatte sein Ende gefunden. Die in Oberschlesien seßhaft gewordenen Polen, vornehmlich aus der Arbeiterklasse, lebten meist kameradschaftlich und in Frieden mit den Deutschen, als Wojciech Korfanty (seinerzeit Abgeordneter im Deutschen Reichstag) 1919 und 1920 drei Aufstände organisierte, wobei er militärische Unterstützung vor allem aus Polen erhielt. Durch die Aufstände sollte die Abstimmung über den künftigen Verbleib Oberschlesiens verhindert oder mindestens gewaltsam zugunsten eines Anschlusses an Polen beeinflußt werden.[2]

Die Volksabstimmung der Oberschlesier ist bekannt, sie bedarf keiner weiteren Erörterung. Bezeichnend für die damaligen Verhältnisse ist jedoch, daß einige oberschlesische Orte, deren Einwohner weitgehend deutschgesinnt waren, von der Abstimmung ausgenommen wurden.

Der Völkerbund fällte schließlich die Entscheidung in der oberschlesischen Frage. Sie wurde durch den Beschluß der Botschafterkonferenz vom 20. Oktober 1921 bekannt gegeben. Danach erhielt Polen den wertvollsten Teil des deutschen Landes, der vier Fünftel des Hauptindustriegebietes und den Hauptteil der Kohlenlager umfaßte. Zuvor, im Oktober 1919, war der bisherige Regierungsbezirk Oppeln zur preußischen Provinz Oberschlesien erhoben worden. Die Möglichkeit, ein selbständiges deutsches Land außerhalb Preußens zu bilden, wurde in der Abstimmung vom 3. September 1922 mit großer Mehrheit abgelehnt.

Macht und Gewalt treten oft gemeinsam auf, seltener Macht und Recht. Die Oberschlesier sind zweifellos und unverschuldet zwischen zwei

---

[1] Siehe u.a.: B. Dietrich: *Oberschlesien* (1920); Knochenhauer: *Die oberschlesische Montan-Industrie* (1927); Albach: *Oberschlesiens heutige Gestalt* (1929); v. Hülsen: *Der Kampf um Oberschlesien* (1922); Kais, Bellee und Vogd: *Deutsches Grenzland Oberschlesien* (1927-1928); Loewe: *Oberschlesien und der preußische Staat*; Nicolai: *Oberschlesien im Ringen der Völker* (1930); Schwidetzki: *Die polnische Wahlbewegung in Oberschlesien;* Wagner/Vosberg: *Polenspiegel* (1990).

[2] Siehe u.a.: Sigmund Karski/H. Neubach, *Wojciech Korfanty*, Dülmen, Laumann Verlag 1990. Da die drei Aufstände von deutschen Freiwilligen niedergeschlagen wurden, konnte Korfanty sein Versprechen nicht einlösen, bei einem Sieg jedem Aufständischen eine Kuh zu schenken. Er wurde von der oberschlesischen Bevölkerung in spöttischen Liedern als "Kuh-Korfanty" verhöhnt.

Mühlsteine geraten, sie haben in den zwei Weltkriegen einen sehr hohen Blutzoll zahlen müssen, die meisten unter ihnen wurden entweder vertrieben, umgebracht oder zwangspolonisiert. Das Recht stand zwar auf ihrer Seite, aber nicht die Macht, es durchzusetzen.

Es ist hier nicht der Ort, zum Lauf der Welt in diesem Jahrhundert eingehend Stellung zu nehmen. Dazu haben sich andere bereits genug geäußert. Erwähnt sei aber, daß jene zu unserem – der Schlesier – Unglück maßgeblich beigetragen haben, die den sogenannten Versailler Vertrag schufen. Dieser Vertrag war im Grunde ein auf Irrtum, Betrug und Gewalt aufgebautes Diktat, wie einige, die an seinem Zustandekommen beteiligt waren, selbst zugegeben haben.[1]

Wichtig ist hier vor allem: Polen hatte nach dem Ersten Weltkrieg zur Begründung seiner Gebietsforderungen behauptet, daß die Oberschlesier eigentlich keine Deutschen wären. Nachdem dann der Versailler Vertrag in Kraft getreten war, begannen die Versuche Polens, sich deutsche Gebiete einzuverleiben, was schließlich vor allem für die Gebiete Posen und Westpreußen und einen Teil Oberschlesiens gelang. Danach begann die massive Unterdrückung, Verfolgung und teilweise Vertreibung der Deutschen in den abgetretenen Gebieten.

Ergänzende Einfügung durch Roland Bohlinger:

Rund 400 000 Deutsche mußten in den Jahren 1919 bis 1921 ihre an Polen gelangte Heimat verlassen, weit mehr als die Hälfte der Deutschen – nämlich etwa 1,5 Millionen – bis 1939. In Bromberg sank z. B. der Anteil der deutschen Bevölkerung von 77,4% im Jahre 1910 auf 27,3% im Jahre 1926, in Thorn von 66% auf 12,5%, in Graudenz von 84,8% auf 20,7%, in ganz Westpreußen von 42,7% auf 18,7%. In den folgenden Jahren ging der deutsche Bevölkerungsanteil weiter zurück. Viele politisch oder wirtschaftlich unerwünschte Deutsche kamen in die von Polen errichteten Konzentrationslager, den ersten in Mitteleuropa (Szcypiorno 1918, Stralkowo 1919, Bereza-Kartuska 1926, Brest-Litowsk 1926). Einige Deutsche wurden auch ermordet. Besonders häufig kam es zu Enteignungen deutschen Grund- und Haus-

---

[1] Siehe z. B.: Alcide Ebray, *Der unsaubere Frieden,* Nachdruck Viöl 1996.

besitzes, zur Überführung deutscher Krankenhäuser, Altenheime und Güter in polnische Hand. Insgesamt wurden etwa 7,5 Mrd. qm Land enteignet, das waren etwa 3.000 qm je Kopf der deutschen Bevölkerung in Polen. Die deutschen Gewerbetreibenden wurden systematisch boykottiert. Die Nichtanerkennung deutscher Meisterprüfungen durch die Polen entzog den deutschen Handwerksmeistern ihre Existenzgrundlage. Auch die freien Berufe, vor allem die Ärzte und Anwälte, wurden in ihrer wirtschaftlichen Existenz aufs schärfste bedroht. Deutsche Jugend- und Kulturverbände wurden verboten, deutsche Schulen behindert, deutsche Namen polonisiert, die deutsche Presse verfolgt. Immer wieder kam es zu willkürlichen Verhaftungen, Haussuchungen, Mißhandlungen. Beim Völkerbund sollen bis 1939 rund 15.000 Minderheitsbeschwerden eingereicht worden sein.

Am heftigsten waren die Verfolgungen im Sommer 1939. Die Polen begannen schon Monate vor Kriegsbeginn mit einer Verschärfung des Drucks auf die Deutschen bis hin zu Vertreibungsmaßnahmen. Bis zum Kriegsausbruch waren etwa 70.000 geflüchtet oder vertrieben. Hierbei kam es auch zu Mißhandlungen und Morden. Zugleich kam es schon Monate vor Kriegsbeginn immer häufiger zu provokativen Grenzverletzungen. Es wurden auf deutschem Gebiet Zollhäuser, Wohngebäude und Personen von polnischem Gebiet aus beschossen, außerdem überschritt polnisches Militär, vor allem Kavallerie, immer wieder die Grenze, zündete deutsche Höfe und andere Gebäude an und ermordete oder verschleppte Zivilisten, Polizisten und Zollbeamte. Einige der Verschleppten fand man nach Kriegsausbruch in Wäldern verscharrt. Als dann der eigentliche Krieg begann, fingen zahlreiche polnische Mordkommandos und aufgehetzter Pöbel an, Deutsche, die in Polen lebten, systematisch zu töten. Die Täter gingen u. a. nach Listen vor, die bereits im Frühjahr erstellt worden waren. Außerdem wurden zehntausende auf sogenannte Todesmärsche geschickt; die bekanntesten waren die nach Kutno, Lowitsch, Warschau, Sochaczew, Blonia, Kostpol, Bereza-Kartuska, Szcypiorno. Auf diesen Märschen kamen viele Teilnehmer um, durch Hunger, Entkräftung oder Liquidierung. Besonders unerwünschte Deutsche wurden, wenn sie nicht gleich getötet wurden, direkt in Konzentrationslager verbracht. Viele der volksdeutschen Soldaten in der polnischen Armee wurden nach Kriegsbeginn kurzerhand erschossen. Ingesamt starben damals vermutlich 40-60.000 Deutsche.

1990 erschien im Verlag für ganzheitliche Forschung *die leicht über-*
arbeitete Ausgabe des erstmals 1930 erschienenen Werks von Werner
Fuchs: Selbstzeugnisse polnischen Eroberungswillens. *In diesem Werk*
werden zahlreiche Dokumente wiedergegeben, die beweisen, daß in
den politisch maßgebenden Kreisen Polens schon lange vor Hitlers
Machtergreifung eine stark deutschfeindliche Stimmung und das Stre-
ben vorherrschten, umfangreiche deutsche Gebiete zu okkupieren, und
zwar vor allem Ostpreußen, Danzig, Pommern, Schlesien und Teile
Brandenburgs. Die beste Gelegenheit für seine solche Okkupation sah
man im Rahmen eines neuen großen, von Polen, Frankreich, England
und anderen Staaten gegen Deutschland geführten Krieges. Einige
Kritiker des Buches von Fuchs behaupteten, die These wäre absurd,
daß führende Kreise in Polen geplant hätten, Deutschland in einen
großen Krieg zu verwickeln, um nach einer Niederlage Deutschlands
deutsche Gebiete okkupieren zu können. Abgesehen davon, daß Fuchs
nur einen Bruchteil des vorhandenen Beweismaterials vorgelegt hat
und der geschichtliche Ablauf der polnischen Führung recht gab – die
Kritiker vergessen eine ganze Reihe wichtiger Tatsachen:

Polen führte bereits in den ersten Jahren nach dem Ersten Weltkrieg
gegen sämtliche Nachbarn Eroberungskriege, und zwar gegen Ruß-
land, Litauen, Tschechoslowakei und mehrere gegen Deutschland. Im
Anschluß an diese Kriege sollte nach einer kurzen Pause ein weiterer
Eroberungskrieg gegen Deutschland folgen, diesmal im Bündnis mit
Frankreich und möglichst auch England. Marschall Pilsudski baute
hierfür unter völliger Ausschöpfung der Staatskasse und mit französi-
scher Hilfe eine Armee von rund zwei Millionen Soldaten auf. Deutsch-
land durfte nach dem Versailler Diktat nur über eine Armee von
100.000 Mann verfügen, die obendrein nicht mit Panzern und Flug-
zeugen ausgerüstet sein durften. Dazu kam, daß Polen durch eine Mi-
litärkonvention mit Frankreich und der Tschechoslowakei verbunden
war. In dieser war vertraglich festgelegt, daß ein Krieg gegen Deutsch-
land grundsätzlich nicht als Angriffskrieg gelte. Daher war es auch
nicht weiter verwunderlich, daß damals in Polen immer offener die
Annexion des 'urpolnischen' Ostpreußen, Danzig, Pommern und Schle-
sien propagiert wurde. Man fühlte sich seiner Sache völlig sicher.
1932 schien dann die Zeit reif zu sein. Die Weimarer Republik stand
vor dem Zusammenbruch. Der Staat war bankrott, selbst die Reichs-

bahn und die Reichspost waren inzwischen an das Ausland verpfändet. Es herrschten bürgerkriegsähnliche Zustände. Es gab fast 7 Millionen Arbeitslose, das Volk verelendete. Immer mehr Deutsche, durch die Zustände radikalisiert, sahen ihre letzte Hoffnung in einem Sieg links- oder rechtsextremistischer Parteien. Die Kommunisten wurden in Berlin zur stärksten Partei und stürmten das Polizeipräsidium. Am 30. August eröffnete die Kommunistin Clara Zetkin als Alterspräsidentin den Reichstag mit der offen ausgesprochenen Erwartung, daß sie in Bälde den ersten Rätekongreß Sowjetdeutschlands begrüßen könne. Zu diesem Zeitpunkt hatte Pilsudski bereits begonnen, Frankreich für einen Präventivschlag zu gewinnen. Frankreich zögerte jedoch, nicht zuletzt wegen des von Erich Ludendorff veröffentlichten Buches Weltkrieg droht auf deutschem Boden. Dieses Buch wurde in fast alle europäischen Sprachen übersetzt und erlebte eine Gesamtauflage von über 700.000 Stück. Es war Diskussionsgegenstand in fast allen europäischen Generalstäben und Regierungen. Die Verhandlungen Pilsudskis mit Frankreich zogen sich bis weit in das Jahr 1933 hinein. Hitler war inzwischen an die Macht gekommen und versuchte, mit Polen zu einem Ausgleich zu gelangen. Erst als Frankreich wegen innenpolitischer Schwierigkeiten endgültig ablehnte, schloß Pilsudski am 26. Januar 1934 mit Deutschland einen Nichtangriffspakt. Aber wie so häufig in der Geschichte, war auch dieser Pakt nur zur Täuschung bestimmt. Schon wenige Monate später, am 13.9.1934, kündigte die polnische Regierung einseitig den Minderheitenschutzvertrag. Sie gab damit zu verstehen, daß sie vorhabe, die bisherige Verfolgung der deutschen Minderheit noch zu verschärfen. Nach damaligen internationalen Gepflogenheiten kam das einer Kriegsprovokation gleich. Hitler ließ sich jedoch nicht provozieren.

1936 versuchte Polen erneut, Frankreich für einen Zweifrontenkrieg gegen Deutschland zu gewinnen. Frankreich lehnte abermals ab.

Obwohl die Verfolgung der Deutschen in Polen fortging und 1938 einen neuen Höhepunkt erreichte, bot Hitler im Herbst 1938 einen Vertrag an, worin er Polen vollen militärischen Schutz gegenüber der Sowjetunion zusagte. Polen verschloß sich jedoch diesem Annäherungsversuch.

Als Chamberlain dann am 17.3.1939 seine sogenannte Kriegsrede hielt, glaubte die polnische Regierung, nun käme endlich ihre Stunde.

Und sie kam dann auch. Wenige Tage später, am 23.3.1939, erfolgte eine Teilmobilmachung der polnischen Streitkräfte. Das war bereits eine Art Kriegserklärung. Kurz darauf begannen die bereits erwähnten Kriegsprovokationen: zunächst verschärfte Polen die Verfolgung der deutschen Minderheit, immer häufiger kam es zu Vertreibungsmaßnahmen, willkürlichen Verhaftungen, Mißhandlungen und Morden, und als das immer noch nichts fruchtete, fing Polen an, von Militärs über die Grenze auf deutsches Gebiet schießen zu lassen und immer häufiger auch militärische Überfälle auf deutschem Gebiet zu veranstalten, wobei zahlreiche Gebäude zerstört und Menschen und Vieh verletzt oder gar getötet wurden. Im übrigen kann inzwischen als wissenschaftlich gesichert gelten, daß Polen im Sommer 1939 sich sämtlichen Bemühungen Hitlers um eine friedliche Lösung auch deshalb verschloß, (a) weil England der polnischen Regierung in einer geheimen Vereinbarung zugesichert hatte, daß es im Fall eines Krieges stets an der Seite Polens gegen Deutschland kämpfen werde, (b) weil die Regierungen Frankreichs und der USA den Polen ebenfalls ihre Unterstützung zugesagt hatten und (c) weil führende deutsche Widerstandskreise den Polen erklärt hatten, im Falle eines Krieges werde die nationalsozialistische Regierung gestürzt werden.[1]

---

[1] Weiterführende Literatur: Roland Bohlinger, *Die deutschen Ostgebiete aus historisch-politischer und völkerrechtlicher Sicht*, Struckum 1991 (7. Aufl.); Werner Fuchs, *Selbstzeugnisse polnischen Eroberungswillens*, Struckum 1990; Hermann Rauschning, *Die Entdeutschung Westpreußens und Posens*, Struckum 1990; Wagner/Vosberg, *Polenspiegel*, Struckum 1989; F.W.von Oertzen, *Das ist Polen*, Viöl 1993; Otto Heike, *Das Deutschtum in Polen 1918-1939*, Viöl 1995; Auswärtiges Amt, 1939/I, *Die letzte Phase der deutsch-polnischen Krise*, Viöl 1995; Auswärtiges Amt, 1939/II, *Dokumente zur Vorgeschichte des Krieges*, Viöl 1995; Auswärtiges Amt, 1939/III, *Polnische Dokumente zur Vorgeschichte des Krieges*, Viöl 1995; Auswärtiges Amt, 1940/IV, *Dokumente zur englisch-französischen Politik der Kriegsausweitung*, Viöl 1995; Auswärtiges Amt, 1940/V, *Weitere Dokumente zur Kriegsausweitungspolitik der Westmächte*, Viöl 1995; Auswärtiges Amt, 1939-41/VI, *Die Geheimakten des französischen Generalstabs*, Viöl 1995; Helmut Schröcke, *Kriegsursachen – Kriegsschuld*, Husum 1997; Andreas Holko, *Chauvinismus und Lüge in der polnischen Literatur*, in: *Freie Presse*, Lodz, 14.2.1924; A. Sonnenberg: *Die Polenknute über Posen*, Berlin 1920; Auswär-

Hitlers Angebot für eine friedliche Lösung des deutsch-polnischen Konflikts wurde im Wesentlichen mehrfach zum Ausdruck gebracht, zuletzt in der „Amtlichen deutschen Mitteilung" vom 31.8.1939. Sie war, angesichts des bisher geschehenen umfangreichen Unrechts von polnischer Seite gegenüber den Volksdeutschen in Polen und gegenüber den Deutschen im Reich, als großzügig und konstruktiv zu bezeichnen, weshalb die Mißachtung des Angebots durch die polnische Regierung nur so erklärt werden kann, daß Polen und die hinter ihm stehenden Kreise unbedingt ihren Krieg haben wollten. Zum Beweis für die Großzügigkeit und Konstruktivität des Angebots sei dieses nachfolgend in vollem Wortlaut zitiert:

„1. Die Freie Stadt Danzig kehrt auf Grund ihres rein deutschen Charakters sowie des einmütigen Willens ihrer Bevölkerung sofort in das Deutsche Reich zurück.

2. Das Gebiet des sogenannten Korridors, der von der Ostsee bis zu der Linie Marienwerder-Graudenz-Kulm-Bromberg (diese Städte einschließlich) und dann etwa westlich nach Schönlanke reicht, wird über seine Zugehörigkeit zu Deutschland oder zu Polen selbst entscheiden.

3. Zu diesem Zweck wird dieses Gebiet eine Abstimmung vornehmen. Abstimmungsberechtigt sind alle Deutschen, die am 1.1.1918 in diesem Gebiet wohnhaft waren oder bis zu diesem Tage dort geboren wurden, und desgleichen alle an diesem Tage in diesem Gebiet wohnhaft gewesenen oder bis zu diesem Tage dort geborenen Polen, Kaschuben usw. Die aus diesem Gebiet vertriebenen Deutschen kehren

---

tiges Amt, *Die polnischen Greueltaten an den Volksdeutschen in Polen*, Berlin 1939; Auswärtiges Amt, *Dokumente polnischer Grausamkeit*, Berlin 1940, Kurt Lück, *Marsch der Deutschen in Polen*, Berlin 1940; Richard Kammel, *Er hilft uns frei aus aller Not*, Posen 1940; Kurt Lück: *Volksdeutsche Soldaten unter Polens Fahnen*, Berlin 1940; Th. Krawielitzki, *Schreckenstage in Polen*, Marburg 1940; David Irving, *Hitlers Krieg*, Bd. 1, München 1983; David L. Hoggan, *Der erzwungene Krieg*, Tübingen 1970; J. Benoist-Mechin, *Wollte Adolf Hitler den Krieg 1939?*, Pr. Oldendorf 1971; Annelies von Ribbentrop, *Die Kriegsschuld des Widerstandes*, Leoni 1975; Ulrich Stern, *Die wahren Schuldigen am Zweiten Weltkrieg*, München 1990; B. Frhr. von Richthofen/R.R. Oheim, *Polens Marsch zum Meer*, Kiel 1984.

zur Erfüllung ihrer Abstimmung zurück. Zur Sicherung einer objektiven Abstimmung sowie zur Gewährleistung der dafür notwendigen umfangreichen Vorarbeiten wird dieses Gebiet ähnlich dem Saargebiet einer sofort zu bildenden internationalen Kommission unterstellt, die von den vier Großmächten Italien, Sowjetunion, Frankreich, England gebildet wird. Diese Kommission übt alle Hoheitsrechte in diesem Gebiet aus. Zu diesem Zweck ist dieses Gebiet in einer zu vereinbarenden kürzesten Frist von den polnischen Militärs, der polnischen Polizei und den polnischen Behörden zu räumen.

4. Von diesem Gebiet bleibt ausgenommen der polnische Hafen Gdingen, der grundsätzlich polnisches Hoheitsgebiet ist, insoweit er sich territorial auf die polnische Siedlung beschränkt. Die näheren Grenzen dieser polnischen Hafenstadt wären zwischen Deutschland und Polen festzulegen und nötigenfalls durch ein internationales Schiedsgericht festzusetzen.

5. Um die notwendige Zeit für die erforderlichen umfangreichen Arbeiten zur Durchführung einer gerechten Abstimmung sicherzustellen, wird diese Abstimmung nicht vor Ablauf von 12 Monaten stattfinden.

6. Um während dieser Zeit Deutschland seine Verbindung mit Ostpreußen und Polen seine Verbindung mit dem Meere unbeschränkt zu garantieren, werden Straßen und Eisenbahnen festgelegt, die einen freien Transitverkehr ermöglichen. Hierbei dürfen nur jene Abgaben erhoben werden, die für die Erhaltung der Verkehrswege bzw. für die Durchführung der Transporte erforderlich sind.

7. Über die Zugehörigkeit des Gebietes entscheidet die einfache Mehrheit der abgegebenen Stimmen.

8. Um nach erfolgter Abstimmung – ganz gleich, wie diese ausgehen möge – die Sicherheit des freien Verkehrs Deutschlands mit seiner Provinz Danzig-Ostpreußen und Polen seine Verbindung mit dem Meere zu garantieren, wird, falls das Abstimmungsgebiet an Polen fällt, Deutschland eine exterritoriale Verkehrszone, etwa in Richtung von Bütow–Danzig, bzw. Dirschau gegeben zur Anlage einer Reichsautobahn sowie einer viergleisigen Eisenbahnlinie. Der Bau der Straßen und der Eisenbahn wird so durchgeführt, daß die polnischen Kommunikationswege dadurch nicht berührt, das heißt, entweder über- oder unterfahren werden. Die Breite dieser Zone wird auf einen Kilometer festgesetzt und ist deutsches Hoheitsgebiet. Fällt die Abstimmung zu-

gunsten Deutschlands aus, erhält Polen zum freien und uneingeschränkten Verkehr nach seinem Hafen Gdingen die gleichen Rechte einer ebenso exterritorialen Straßen- bzw. Bahnverbindung, wie sie Deutschland zustehen würden.

9. Im Falle des Zurückfallens des Korridors an das Deutsche Reich erklärt sich dieses bereit, einen Bevölkerungsaustausch mit Polen in dem Ausmaß vorzunehmen, als der Korridor hierfür geeignet ist.

10. Die etwa von Polen gewünschten Sonderrechte im Hafen von Danzig würden paritätisch ausgehandelt werden mit gleichen Rechten Deutschlands im Hafen Gdingen.

11. Um in diesem Gebiet jedes Gefühl einer Bedrohung auf beiden Seiten zu beseitigen, würden Danzig und Gdingen der Charakter reiner Handelsstädte erhalten, das heißt, ohne militärische Anlagen und militärische Befestigungen.

12. Die Halbinsel Hela, die entsprechend der Abstimmung entweder zu Polen oder zu Deutschland käme, würde in jedem Fall ebenfalls zu demilitarisieren sein.

13. Da die Deutsche Reichsregierung heftigste Beschwerden gegen die polnischen Minderheitenbehandlung vorzubringen hat, die Polnische Regierung ihrerseits glaubt, auch Beschwerden gegen Deutschland vorbringen zu müssen, erklären sich beide Parteien damit einverstanden, daß diese Beschwerden einer international zusammengesetzten Untersuchungskommission unterbreitet werden, die die Aufgabe hat, alle Beschwerden über wirtschaftliche und physische Schädigungen sowie sonstige terroristische Akte zu untersuchen. Deutschland und Polen verpflichten sich, alle seit dem Jahre 1918 etwa vorgekommenen wirtschaftlichen und sonstigen Schädigungen der beiderseitigen Minoritäten wiedergutzumachen, bzw. alle Enteignungen aufzuheben oder für diese und sonstige Eingriffe in das wirtschaftliche Leben eine vollständige Entschädigung der Betroffenen zu leisten.

14. Um den in Polen verbleibenden Deutschen sowie den in Deutschland verbleibenden Polen das Gefühl der internationalen Rechtlosigkeit zu nehmen und ihnen vor allem die Sicherheit zu gewähren, nicht zu Handlungen bzw. zu Diensten herangezogen werden zu können, die mit ihrem nationalen Gefühl unvereinbar sind, kommen Deutschland und Polen überein, die Rechte der beiderseitigen Minderheiten durch

umfassendste und bindende Vereinbarungen zu sichern, um diesen Minderheiten die Erhaltung, freie Entwicklung und Betätigung ihres Volkstums zu gewährleisten, ihnen insbesondere zu diesem Zweck die von ihnen für erforderlich gehaltene Organisierung zu gestatten. Beide Teile verpflichten sich, die Angehörigen der Minderheit nicht zum Wehrdienst heranzuziehen.

15. Im Falle einer Vereinbarung auf der Grundlage dieser Vorschläge erklären sich Deutschland und Polen bereit, die sofortige Demobilmachung ihrer Streitkräfte anzuordnen und durchzuführen.

16. Die zur Beschleunigung der obigen Abmachungen erforderlichen Maßnahmen werden zwischen Deutschland und Polen gemeinsam vereinbart."[1]

Es wäre auch daran zu erinnern, daß Polen, hierin unterstützt von führenden Kreisen in England, Frankreich und anderswo, im August 1939 alles mißachtete oder hintertrieb, das von deutscher Seite unternommen wurde, um einer friedlichen Lösung des sich verschärfenden Konflikts näher zu kommen. Einer der Beweise für diese Behauptung ist die Weisung der polnischen Regierung an den polnischen Botschafter in Berlin vom 31.8.1939: „Lassen Sie sich unter keinen Umständen in sachliche Diskussionen ein. Wenn die Reichsregierung mündliche oder schriftliche Vorschläge macht, müssen Sie erklären, daß Sie keinerlei Vollmacht haben, solche Vorschläge entgegenzunehmen oder zu diskutieren!"[2]

In London ist behauptet worden, daß der deutsche Vorschlag vom 31. 8.1939 so spät abgesandt wurde, daß die Warschauer Regierung gar nicht darauf antworten konnte. Der deutsche Einmarsch in Polen sei so schnell erfolgt, daß der ganze Vorschlag wahrscheinlich nicht ernst gemeint gewesen war.

Diese Behauptung ist falsch.

Der Londoner Daily Telegraph, *eine dem* Foreign Office *nahestehende Zeitung, hat in der Abendausgabe vom 31.8.1939 einen Bericht*

---

[1] Weißbuch des Auswärtigen Amtes, 1939 Nr. 1, *Urkunden zur letzten Phase der deutsch-polnischen Krise,* Nachdruck *Archiv-Edition,* Viöl 1995, S. 21 f.

[2] Siehe: Hans Bernhard: *Deutschland im Kreuzfeuer großer Mächte,* Preuß. Oldendorf, zitiert aus *Der Schlesier,* Nr. 46, 17.11.1995, S. 6.

*über Beratungen im englischen Kabinett veröffentlicht. In diesem sei
zur Sprache gekommen, daß dem britischen Botschafter in Berlin, Sir
Nevile Henderson, vom deutschen Reichsaußenminister die deutschen
Vorschläge über eine friedliche Beilegung des deutsch-polnischen Konflikts übermittelt worden seien. Er habe sie sofort nach London wei-
tergemeldet, da sich die britische Regierung in einer Note vom 28.8.
1939 gegenüber der deutschen Regierung bereit erklärt hatte, die Ver-
mittlung zu übernehmen. Das Londoner Kabinett habe das deutsche
Memorandum nach Warschau weitergeleitet, und die polnische Regierung habe nach seinem Empfang die Generalmobilmachung angeordnet.*

In London hatte der Bericht des Daily Telegraph *große Bestürzung
hervorgerufen, denn man war dort – mit Roosevelts Zustimmung –
entschlossen, die Schuld am Ausbruch des Krieges wie 1914 Deutschland zuzuschieben. Im britischen Blaubuch über diesen Kriegsausbruch und in den Erinnerungen von Sir Nevile Henderson,* The Failu-
re of a Mission, *ist dieser Entschluß wiedergegeben worden.*

Die Mitteilung des Daily Telegraph *wurde dadurch zu vertuschen versucht, daß die genannte Abendausgabe beschlagnahmt und die Redaktion veranlaßt wurde, eine zweite Spätausgabe herauszubringen, in
deren Bericht über die Kabinettsberatung der für die britische Regierung so peinliche Satz über die polnische Generalmobilmachung nach
Erhalt des deutschen Vorschlags entfernt war. Das* Foreign Office *hat
aber nicht verhindern können, daß die erste Ausgabe des* Daily Telegraph *bereits in die Hände einiger Menschen gelangt war, die sich für
die wahren Umstände interessierten.*

*Außerdem hatte Polen in der Nacht zum 31.8.1939 auf die deutschen
Vorschläge geantwortet, und zwar über den Rundfunk. Hierbei hat es
Deutschland praktisch den Krieg erklärt. In der Meldung des Polni-
schen Rundfunksenders Warschau vom 31.8.1939, 23 Uhr hieß es:*

*„Die heutige Bekanntmachung des deutschen offiziellen Communi-
qués [gemeint ist der oben zitierte 16 Punkte-Vorschlag] hat die Ziele
und Absichten der deutschen Politik klar gezeigt. Es beweist die offenen Aggressionsabsichten Deutschlands gegenüber Polen. [!] Die Bedingungen, unter denen das Dritte Reich bereit ist, mit Polen zu verhandeln [nein, die deutsche Verlautbarung war ein Vermittlungs- und
Verhandlungsvorschlag für eine friedliche und gerechte Lösung!], lau-*

ten: Danzig kehrt sofort zum Reich zurück. [Was war dagegen einzuwenden? Die Forderung war berechtigt. Danzig war 1918 eine rein deutsche Stadt und hatte auch 1939 nur einen geringen polnischen Bevölkerungsanteil. Der polnische Widerspruch entsprang der in zahlreichen Dokumenten zum Ausdruck kommenden Absicht Polens, sich Danzig einzuverleiben. Wer war hier also der Aggressor?] *Pommerellen mit den Städten Bromberg und Graudenz unterliegt einem Plebiszit, wobei alle Deutschen, die nach dem Jahre 1918 aus irgendwelchen Gründen von dort ausgewandert sind* [es waren meist die polnischen Unterdrückungs-, Verfolgungs- und Vertreibungsmaßnahmen, die zur sogenannten Auswanderung führten], *hineingelassen werden sollen* [zum Zweck einer objektiven Abstimmung, denn 1918 war Pommerellen weitgehend deutsch gewesen, die Abtretung an Polen war deshalb unter völkerrechtlichen Gesichtspunkten widerrechtlich. Darüber hinaus hatte Polen seit 1918 eine derart stringente Vertreibungs-, Polonisierung- und Einschüchterungspolitik in Pommerellen getrieben, daß der Ausgang der Abstimmung mit Sicherheit nicht mehr so ausgefallen wäre wie 1918. Der deutsche Vorschlag war also rechtens. Nur eine imperialistische Gesinnung konnte diesen Vorschlag als „Aggressionsabsicht" auslegen. Obendrein hatte Polen seit 1918 nicht nur Aggressions*absichten* gegen das Deutschtum und dessen Eigentum innerhalb und außerhalb seiner Grenzen gehegt, sondern auch *tatsächliche Aggressionen praktiziert*, was in mehreren Kriegen gegen Deutschland in den ersten Jahren nach 1918 und dann in der brutalen Unterdrückungs-, Verfolgungs- und Austreibungspolitik gegenüber den Volksdeutschen in Polen zum Ausdruck kam.] *Die Polizei Englands, Frankreichs, Italiens und der Sowjetunion übernimmt die Gewalt.* [Das war selbstverständlich nötig und in ähnlich gelagerten Fällen auch üblich, um eine objektive Abstimmung zu gewährleisten.] *Nach Ablauf von 12 Monaten findet das Plebiszit statt. Das Gebiet der Halbinsel Hela wird vom Plebiszit gleichfalls erfaßt. Gdingen ist als polnische Stadt ausgeschlossen. Unabhängig vom Ausgang des Pebiszits wird eine exterritoriale Straße in der Breite eines Kilometers gebaut.* [Es war von einem Korridor von einem Kilometer Breite mit Straße und Eisenbahnlinie die Rede, die bei der Abstimmung unterliegende Seite sollte diesen Korridor bekommen.] *Die deutsche Agentur gibt bekannt, daß der Termin für die Annahme dieser Bedingungen gestern abgelaufen ist* [Diese Bekanntmachung ist unbekannt.

Danach wäre der Termin schon abgelaufen gewesen, bevor das Verhandlungsangebot vorgelegt worden ist. Das ist undenkbar. Doch nun folgt die entscheidende Stelle:] *Deutschland hat vergeblich auf einen Abgesandten Polens gewartet. Die Antwort waren die militärischen Anordnungen der Polnischen Regierung.* [Gemeint war die Generalmobilmachung, was im Zusammenhang mit der offenen Mißachtung des großzügigen und konstruktiven Verhandlungsvorschlags von deutscher Seite als halbe Kriegserklärung und ganze Kriegsdrohung anzusehen war. Wohlgemerkt: dieser Schritt erfolgte als Antwort auf den Verhandlungsvorschlag!] *Keine Worte können jetzt mehr die Aggressionspläne* [!] *der neuen Hunnen* [!] *verschleiern. Deutschland strebt die Herrschaft über Europa an* [!] *und durchstreicht mit einem bisher nicht dagewesenen Zynismus die Rechte der Völker.* [Das ergibt sich nirgends aus dem Verhandlungsvorschlag, die vorausgegangenen Verbrechen der polnischen Seite gegenüber den Volksdeutschen in Polen und gegen das Deutsche Reich und dessen Bewohner, darunter mehrere Kriege gegen Deutschland, bleiben unerwähnt. Hier wird offensichtlich nach der Devise gehandelt: "Haltet den Dieb!"] *Dieser unverschämte Vorschlag beweist deutlich* [sic!], *wie notwendig* [sic!] *die militärischen Anordnungen der Polnischen Regierung gewesen sind.* "[1]

Eine weitere notwendige Anmerkung zum Ausbruch des Zweiten Weltkrieges:

Der Überfall auf den Gleiwitzer Sender, der laut heute üblicher Ansicht von der nationalsozialistischen Führung als Anlaß für den Einmarsch der Deutschen in Polen fingiert worden sein soll, hat allem Anschein nach nicht stattgefunden. Die Meldung vom Überfall wurzelte entweder in einem Mißverständnis deutscherseits oder in der Meldung eines polnischen Senders, möglicherweise sogar des britischen Senders, der im polnischen Teil Oberschlesiens stationiert war. Letzteres entspräche dem polnischen Verhaltensmuster vor Kriegsbeginn und dessen nachdrücklicher Unterstützung von britischer Seite. Selbst das Eindringen von Truppen in fremdes Staatsgebiet fand zu-

---

[1] Auswärtiges Amt, Weißbuch 1939 Nr. 2, *Dokumente zur Vorgeschichte des Krieges,* Archiv-Edition im Verlag für ganzheitliche Forschung, Nachdruck 1995, S. 438, Dokument Nr. 469.

erst keineswegs von deutscher Seite aus statt, wie das heute darge-stellt wird, sondern von polnischer Seite aus in deutsches Gebiet, und zwar in über zweihundert Fällen schon Tage und Wochen vor dem Einmarsch deutscher Truppen in polnisches Gebiet.[1] Tatsache ist je-denfalls, daß

1. die zunehmende Verfolgung der Volksdeutschen in Polen,

2. die wirtschaftliche und politische Einschnürung Danzigs,

3. die Häufung von Grenzverletzungen polnischen Militärs,

4. die Häufung militärischer Angriffe auf deutsche Siedlungen, Zoll-gebäude und Personen auf deutschem Reichsgebiet, die praktisch bereits echte Kriegshandlungen darstellten,

5. die offene, von der polnischen Regierung geduldete und damit ge-förderte antideutsche Kriegshetze in zahlreichen polnischen Presse-organen,

6. die Mobilmachung der polnischen Armee und

7. die damit verbundene verdeckte, über den Warschauer Rundfunk verbreitete Kriegserklärung (s.o.)

weit mehr Anlaß gaben für ein militärisches Eingreifen als der Über-fall auf den Gleiwitzer Sender. Es bedurfte gar nicht der Fingierung eines solchen Überfalls, es gab genügend schlimmere Überfälle, die echt waren, und es gab darüber hinaus mehr als genügend Verbrechen von polnischer Seite an den Volksdeutschen in Polen und gegenüber Danzig. Doch selbst dann, wenn der Überfall auf den Sender Gleiwitz stattgefunden haben sollte: Hitler hat diesen Überfall in seiner Rede zur Rechtfertigung des Einmarsches in Polen, die er am 1. September 1939 vor dem Deutschen Reichstag hielt, nicht einmal erwähnt! Wie kommt es nur, daß die herrschende Geschichtsschreibung oder die Geschichtsschreibung der Herrschenden die Sache mit dem Überfall auf den Sender Gleiwitz trotzdem so in den Vordergrund stellt? Soll damit vertuscht werden, was die polnische Seite und die dahinterste-hende englische und französische Seite alles unternahm, damit es zum Krieg kam? Und daß dann die englische und die französische Regier-ung flugs die Rolle des Verteidigers der Unschuldigen, der Freiheit und der Demokratie ergriffen, Deutschland den Krieg erklärten und damit aus dem lokalen Krieg einen Weltkrieg machten? Und noch et-was: weshalb marschierten diese Verteidiger des Rechts nicht zugleich gegen die Sowjetunion, die ebenfalls in Polen einmarschierte? Sie

verbündeten sich sogar mit der Sowjetunion, der finstersten Gewalt-
herrschaft, die die Welt seit Tamerlan gesehen hatte! Und damit nicht
genug: wo war die heilige Moral dieser Mächte, als die Deutschen in
Polen unterdrückt, drangsaliert, vertrieben, in Konzentrationslager
gesteckt und teilweise ermordet worden sind? Jeder, der trotz aller
Propaganda der Sieger und trotz aller Denkverbote noch des Denkens
mächtig ist, dürfte eigentlich klar erkennen können, was hier gespielt
wurde. Wenn es Hitler von Anfang an tatsächlich darum gegangen
sein sollte, einen Krieg gegen Polen zu bekommen – was nach wie vor
nicht schlüssig bewiesen ist –, dann war es ihm sicherlich recht, daß
er von den anderen vehement dazu getrieben wurde und auf diese
Weise als der Unschuldige dastehen konnte. Doch die anderen *waren*
es, *nicht er selbst, die ihm die Gelegenheit gaben, als Getriebener*
aufzutreten. Sie schufen hunderte von Überfällen schwerer als den,
der angeblich auf den Gleiwitzer Sender verübt worden ist. Sie waren
es, die trieben und immer wieder trieben, vorsätzlich, ohne Not. Und
sie waren es auch, die aus einem lokalen Krieg ohne Not sofort einen
Weltkrieg machten. Freilich, Adolf Hitler hatte nicht beherzigt, was
ihm Erich Ludendorff 1936, bei ihrem Zusammentreffen im Wehr-
kreiskommando in München, vorgehalten hatte. Ludendorff hatte Hit-
ler vorgehalten, er bereite einen großen Krieg vor. Hitler bestritt das.
Ludendorff erwiderte, daß er ihm nicht glaube. Er prophezeite ihm,
daß er anfangs große Erfolge haben werde, bis Moskau, vielleicht so-
gar bis zum Ural und zum Kaukasus vordringe, doch dann würden die
USA noch viel stärker als im Ersten Weltkrieg eingreifen, und Deutsch-
land würde vernichtet werden. Hitler war gewarnt worden, vom fähig-
sten lebenden Heerführer und einem politisch äußerst kenntnisreichen
und weit vorausblickenden Mann. Er schlug die Warnung in den Wind.
Also trägt er Mitschuld. Aber wie steht es mit der Schuld der Ande-
ren? Ist sie nicht größer, vielleicht viel größer?[1]

1944, als die Rote Armee die deutschen Truppen nach Westen zurück-
drängte und dabei in polnisches Gebiet eindrang, stimmte der Kreml zu-

---

[1] Dr. Georg Jäckel/Roland Bohlinger, *Der Überfall auf den Sender Gleiwitz,*
Verlag für ganzheitliche Forschung und Kultur, Viöl 1995, S. 3 f.; Auswärti-
ges Amt, Weißbuch 1939 Nr. 2, *Dokumente zur Vorgeschichte des Krieges,*
Nachdruck Viöl 1995, S. IV-XI, XVIII-XXVII, S. 438 ff. u.a.m.

nächst der Bildung einer obersten polnischen Verwaltungsbehörde zu, die als "Lubliner Komitee" bezeichnet wurde und befugt war, untergeordnete Verwaltungsaufgaben durchzuführen. Nach dem Fall von Warschau übernahm die Rote Armee und hinter dieser der NKWD die alleinige politische Macht.

Zu diesem Zeitpunkt hatten die Polen weder ein Mitspracherecht noch Einfluß auf das politische Geschehen. Der Mob, bestehend aus kriminellem und sonstigem Gesindel, nahm die Gelegenheit wahr, um Plünderungen, Selbstjustiz und Morde zu begehen. Es herrschte zeitweise eine Rechtlosigkeit unbeschreiblichen Ausmaßes.

Schließlich konstituierte sich in Absprache mit dem Kreml eine kommunistische polnische Regierung, geführt von dem Ministerpräsidenten Boleslaw Bierut, der als Untersuchungsrichter beim russischen NKWD tätig gewesen war, und seinen Regierungsmitgliedern, den Generälen Ochab, Spychalski, Zawadski und dem bekannten Kommunisten Rozanski. Um dem unübersehbaren Chaos ein Ende zu bereiten, wurden aus polnischen Staatsangehörigen bewaffnete Polizei-Einheiten aufgestellt und am 5.6.1945 das *Dekret o utworzeniu osobów przesiedlenczych* (*Erlaß über die Maßnahmen für Personen in Übersiedlungslagern*) verabschiedet. Aufgrund dieses Erlasses wurde unter dem Vorsitz des Kapitäns J. Jurkowski der *Urzad Bezpieczenstwa* (Amt für Sicherheitsdienste, abgekürzt UB) gebildet. Die Zentrale dieses Amtes wurde nach Kattowitz gelegt. Für die Operationsgruppe des UB, welches aus 110 Personen bestand, wurde als Führungskraft Marcel Reich-Ranicki eingesetzt.[1]

Nach Beendigung seiner Aufgaben wurde Reich-Ranicki für die polnische kommunistische Regierung mit einer Sonderaufgabe in London betraut, was er nicht abstreitet. Später wechselte er in die Bundesrepublik Deutschland über, wo er noch heute seinen Wohnsitz hat und sich als bekannter Literaturkritiker betätigt.

Vom UB wurden nach seiner Gründung fächerartig verbreitete Vernehmungsorte eingerichtet, organisatorische Maßnahmen zur Unterbringung und Behandlung deutscher Zivil-Gefangener ergriffen, sowie eine eigene Gerichtsbarkeit eingesetzt, außerdem wurde eiligst ei

---

[1] Siehe: Zygmunt Woniczka, *Obozy pracy Przymusowy na Gónnym Slasku,* Wydaunictwo Universitetu Slaskiego, Katowice, 1994, S. 57.

ne sogenannte Truppe aufgestellt, die von den Gefangenen als "Miliz" bezeichnet wurde und deren Auftrag es war, verstreute deutsche Soldaten den sowjetischen Stäben zu überstellen und hohe deutsche Parteifunktionäre aus Gliederungen der NSDAP zu verhaften, zu vernehmen und der Gerichtsbarkeit zuzuführen.

Der hier zu behandelnde Dramenausschnitt nahm seinen Anfang, als die in Oberschlesien tätige UB, in der Partisanen und kriminelle Elemente Unterschlupf fanden und in Ermangelung von Uniformen eine Art "Räuberzivil", teilweise mit einer Armbinde, trugen, mit Gewehren, Revolvern, Schlagstöcken, Peitschen und Ochsenziemern bewaffnet willkürlich in die Wohnungen der Deutschen bei Tag und bei Nacht eindrangen, dort Beraubungen vornahmen und Menschen fast jeden Alters verhafteten und in die vorgesehenen Vernehmungsstellen abführten, wo sie in Gefängnissen, menschenunwürdigen feuchten Kellern, Hallen oder sonstigen zweckentfremdeten Gemäuern und Verliesen eingesperrt wurden.

Der Aufenthalt in den Haft-Unterkünften spottete jeder Beschreibung. Da die Verhöre oft unterbrochen wurden und in den Verliesen häufig kein Platz mehr vorhanden war, wurde das Verbleiben der Verhafteten von Fall zu Fall entschieden und daher die Unterkünfte immer wieder gewechselt, bis dann die endgültigen Einweisungen in ein Konzentrationslager, in unserem Fall in die Markthalle und von da aus in das Lager Zgoda, vorgenommen wurden. Daher kamen in das Lager Zgoda auch Häftlinge aus Vernehmungsorten, die sich außerhalb der Stadt Kattowitz befanden.

Die Kommandeure des UB hatten den Befehl ausgegeben, alle deutschen Zivilisten, die noch im Land waren, wie in einer Treibjagd einzufangen. Der UB hatte sich bald Kenntnis verschafft, wer noch zu polnischen Zeiten in deutschen Vereinen Mitglied gewesen war, etwa im *Fußballclub 1.F.C.*, dem *Meisterschen Gesangverein*, in den Turnvereinen *ATV* und *Vorwärts*, im katholischen *Männergesangverein Peter-Paul* oder im *Deutschen Volksbund*. Von diesen Personen ermittelten sie so gut es ging die Wohnanschriften, drangen dann in die Wohnungen rund um die Uhr ein. Anzumerken ist, daß dem UB keine oberschlesischen Männer angehörten.

Es gab vereinzelt Fälle, wo russische Soldaten den Schutz von Deutschen übernahmen, marodierende Täter erschossen oder in die Flucht jagten. Nicht unerwähnt soll bleiben, daß verschiedentlich auch Polen, darunter solche, die nach der Besetzung ihres Landes arbeitsverpflichtet worden waren und jahrelang in Industriebetrieben neben englischen Kriegsgefangenen ihren Lebensunterhalt bestreiten mußten, in der Öffentlichkeit gegen die Vergehen des UB protestierten.

Viele Tausende deutschstämmiger Oberschlesier wollten 1944/45 aus familiären oder anderen Gründen die Heimat nicht verlassen. Wegen ihrer vor 1939 dem polnischen Staat gegenüber gezeigten Loyalität erwarteten sie weder Schikanen, noch Mißhandlungen oder gar eine Ermordung. Sie hatten zwar die Verfolgung der deutschen Minderheit in Polen zwischen 1918 und 1939 erlebt. Doch sie hatten sie überlebt. Und so dachten viele, daß es auch diesmal nicht allzu schlimm kommen werde. Andere hegten nicht diese Erwartung und flohen rechtzeitig.

Als das Ende des Krieges nahte, gelangte die Macht in die Hand von oben eingesetzter "Schreibtischtäter" des UB, die dafür sorgten, daß den Deutschen so grausame Folterungen widerfuhren, daß diese häufig mit dem Tod der Opfer endeten oder die Opfer in den Selbstmord trieben. Was das Lager Zgoda betrifft, es war ja nur eines unter sehr vielen, so sprach es sich über Augenzeugen der täglichen Leichentransporte sehr schnell in der Öffentlichkeit herum, daß es der Vernichtung der Deutschen diente. Im Volksmund hieß es deshalb bald die "Krepieranstalt".

Gleich nach Kriegsende wurden die besetzten deutschen Gebiete bis zur Oder-Neiße-Grenze den Polen zur Verwaltung übergeben. Die Polen sperrten daraufhin die neue Grenze mit bewaffneten Einheiten. Daher gelang es nur wenigen Deutschen, diese Grenze zu überschreiten, um deutsches, unter alliierter Besatzung stehendes Gebiet zu erreichen, wo es allerdings zu diesem Zeitpunkt auch nicht allzuviel Sicherheit vor Verfolgung gab: so kamen nach dem Sieg der Alliierten durch Liquidierungen, Hungermorde, Vergewaltigungen und Selbstmorde noch über fünf Millionen Deutsche ums Leben, nicht mitgerechnet die Millionen Toten in Kriegsgefangenenlagern, die Millionen Opfer der Flucht und Vertreibung, die Opfer der Massenmorde in Polen und in den Zwangsarbeitslagern der Alliierten und schließlich die Millionen Kinder, die wegen Tod, Verkrüppelung oder Gefangenschaft der Väter oder wegen Hunger der Mütter ungeboren blieben.[1]

Von rund 15 Millionen deutschen Flüchtlingen und Vertriebenen, die in panischer Angst um ihr Leben liefen, sind fast ein Fünftel durch Kriegseinwirkungen, gezielte Morde, Hunger, Kälte und Erschöpfung umgekommen.

Nach dem Kriegsende gab es zunächst keine deutsche Regierung mehr. Die Sieger hatten das Sagen. Der "Alliierte Kontrollrat" übernahm 1945 die Regierungsgewalt, veränderte unter dem Bruch des Völkerrechts die organisatorischen Strukturen des Landes und setzte die vom deutschen Volk gewählte und formal noch geltende Weimarer Verfassung außer Kraft.

Es dauerte eine geraume Zeit, fast ein Jahr, bis Abmachungen über den zwischenstaatlichen Postverkehr zwischen Deutschland und der damaligen Volksrepublik Polen zustandekamen. In der Zwischenzeit hatte der polnische UB seine Ausrottungstätigkeit fortgesetzt. Parallel dazu unterlagen die gesamten Vermögenswerte der Deutschen, vor allem der Immobilienbesitz, der Enteignung, so auch im Fall meines Vaters, den man mit eingeschlagenem blutüberströmtem Kopf statt in ein Krankenhaus in das Lager Zgoda geschafft hatte, wo er alsbald verstarb.

Systematisch wurde auch die Vertreibung jener Deutschen durchgeführt, die nach der großen Flucht und nach den ersten Vertreibungsmaßnahmen gegen Ende des Krieges noch übrig geblieben und weder inhaftiert noch liquidiert worden waren. Es gibt genügend Literatur, sich über die Flucht und die verschiedenen Vertreibungsmaßnahmen während und nach dem Kriege ein halbwegs umfassendes Bild zu machen. Es gelangten genügend Zeugen dieses Geschehens nach Mittel- und Westdeutschland, sodaß sich hierüber ein kollektives Wissen trotz alliierter Unterdrückung herausbilden konnte. Kenntnisse über das Martyrium der im Osten verbliebenen Deutschen wurden hingegen nur wenigen Bürgern in Mittel- und Westdeutschland bekannt. Erst nach der Auflockerung der politischen und wirtschaftlichen Beziehungen und den Zwangsaussiedlungen im Jahre 1946 wurden die ersten Berichte über die Verbrechen des polnischen UB einem größeren Kreis

---

[1] Siehe *ID* (Informations- und Dokumentationsdienst) des *Instituts für ganzheitliche Forschung,* 1996/11, Nr. 0733, siehe auch 0728, 0750.

von Menschen bekannt, vorerst jedoch fast nur durch mündliche Verbreitung im Kreis der Vertriebenen-Verbände. Später wurden hie und da einige Leserzuschriften in Vertriebenenzeitungen veröffentlicht, der eine oder andere schriftliche Bericht wurde dem Bundesarchiv in Koblenz und dem Landesverband der Oberschlesier zugeleitet. Aber aus den wenigen Berichten überlebender Lagerinsassen, die nach Deutschland gelangten, konnte die breitere Öffentlichkeit nicht das gesamte Ausmaß der geschehenen Verbrechen erfassen. Die Überlebenden konnten nur ihre eigenen Leidenserfahrungen und Beobachtungen schildern; wie es aber den Häftlingen an anderen Orten ergangen war, konnten sie nur ahnen. Organisatorische Maßnahmen von staatlicher Seite, die Vorgänge systematisch zu erforschen, gab es nicht, und die Ansätze von privater Seite waren zu schwach und das Interesse der Allgemeinheit nicht geweckt. Dazu kamen die vielen und intensiven Bemühungen, die Verbrechen *an* Deutschen in West und Ost zu vertuschen, hingegen die Verbrechen, die *von* Deutschen verübt worden waren, gründlich zu erforschen und in der kollektiven Erinnerung fest- und wachzuhalten, nicht selten sogar, solche aufzubauschen oder gar zu erfinden.

Dazu kam noch folgender Umstand: Wer von den Insassen der Lager, auch des Lagers Zgoda, das große Glück hatte, einen Entlassungsschein zu erhalten, dem preßte man ein schriftliches Schweigegelöbnis ab. Das Gros dieser Überlebenden blieb in Polen ansässig und hielt sich an dieses Gelöbnis, während jene wenigen Überlebenden, die in die Bundesrepublik Deutschland kamen, soweit sie über ihre Erlebnisse überhaupt reden wollten oder konnten,[1] lange Zeit kaum Beachtung fanden. Jetzt, wo sogar die polnische Staatsanwaltschaft dabei ist, u. a. über das Lager Zgoda Untersuchungen anzustellen und daher auch die internationale Presse anfing, sich mit dem Thema zu befassen, gerät der Fall ins Rollen und die Erlebnisberichte der Überlebenden finden eine gewisse Beachtung.

Die polnische Regierung muß sich endlich zu der Tatsache bekennen, daß im Lager Zgoda etwa 7.000 bis 8.000 Menschen ermordet wurden und in anderen Lagern noch weit mehr. Sie muß außerdem die Einsicht in die vorhandenen Akten und sonstigen Dokumente über die Lager ermöglichen. Bisher wurde das verweigert. Sie will Versöhnung mit den Deutschen. Dann muß sie sich an das französische Sprichwort halten: *„Das Bekenntnis zur Wahrheit ist die Vorstufe der Versöhnung".*

Erst als der ehemalige Häftling Dr. med. Esser sein Buch: *Die Hölle von Lamsdorf* veröffentlichte, in dem er u.a. die in diesem Lager begangenen Verbrechen schilderte, erschienen in wenigen deutschen Presseorganen einige Berichte über das Lager Lamsdorf. Diese Zurückhaltung kam fast einer Leugnung der Verbrechen gleich. Wir waren und sind eben bis heute kein freies Land, sondern eines, das von den Siegern des Zweiten Weltkrieges und einer von diesen etablierten Führungsschicht gelenkt wird. Die polnische Publizistik hatte bis vor kurzem die Existenz von Konzentrationslagern im eigenen Land sogar völlig geleugnet, sie zeigte auch kein Interesse, sich mit den überlebenden Opfern der Lager, worunter das Lager Zgoda nur eines von vielen ist, zu befassen. Viele der Überlebenden waren für ihr Leben gezeich-

---

[1] Anmerkung von R. Bohlinger: Mein Vater überlebte ein französisches Kriegsgefangenenlager in Mulsanne, das eingerichtet worden war, um gefangen genommene deutsche Wehrmachtsoffiziere durch Hungermord zu liquidieren. Die Lücken, die durch das Verhungern der Lagerinsassen im Personalbestand des Lagers entstanden, wurden ständig durch Zulieferung neuer Gefangener aus anderen Gefangenenlagern aufgefüllt. So entstand eine sehr hohe Tötungsrate, obwohl das Lager nur eine mittlere Größe besaß. Genauere Berichte über das Lager sind mir nicht bekannt. Mein Vater verarbeitete das Erlebte auf zweierlei Weise. *Er weigerte sich, Näheres über das Erlebte zu berichten, ähnlich wie viele Lagerinsassen in Polen.* Er berichtete mir nur einmal, daß es öfters vorkam, daß Gefangene aus Entkräftung vom Balken herab in die Fäkaliengrube fielen, aus der sie dann nicht herausgeholt werden durften. Überliefert sind von ihm aus der Lagerzeit hingegen zahlreiche Zeichnungen. Diese berichten aber nur über irgendwelche humorvollen Vorfälle. Er hatte also das Erlebte völlig verdrängt. Kürzlich traf ich den Überlebenden eines Lagers, das in der Nähe des Lagers Mulsanne gelegen war. Er bestätigte mir, was ich von meinem Vater wußte, und ergänzte es.

Erwähnenswert ist im übrigen, weshalb mein Vater überhaupt am Leben geblieben war: Er hatte sich aus einer leeren Blechbüchse eine Art Schnitzwerkzeug angefertigt und damit Schnitzversuche unternommen. Das sah ein französischer Offizier. Er wollte das Geschnitzte erwerben und bot dafür Nahrungsmittel an. Mein Vater erbat sich hingegen ordentliches Schnitzwerkzeug. Er bekam es. Bald entwickelte sich ein reger Tauschhandel: Schnitzereien gegen Nahrungsmittel. Mein Vater und viele weitere Lagerinsassen konnten dadurch überleben. Ich erzähle diese Geschichte gern, weil sie zeigt, wie wirkungsvoll die sogenannte brotlose Kunst auch einmal Brot herbeischaffte.

net, litten an den Folgen der Folterungen und an dem, was sie gesehen hatten, waren zu Krüppeln oder arbeitsunfähig geworden, mußten psychiatrisch behandelt werden. Manche der ehemaligen Häftlinge verfielen in völlige Geistesgestörtheit oder nahmen sich das Leben. Betrachtet man das gesamte Geschehen, zunächst die teilweise, später die völlige Inbesitznahme des Landes im Osten sowie die Unterdrückungs-, Verfolgungs-, Polonisierungs- und Vertreibungsmaßnahmen zwischen 1918 und 1939 und ab 1945, dazu die Massenmorde und der Kulturmord, so kann in Bezug auf Oberschlesien von einem vollendeten, in Bezug auf das übrige Schlesien von einem weitgehend vollendeten Genozid gesprochen werden. Denn in Schlesien lebt heute nur noch ein kleiner, als Minderheit bisher kaum geschützter, sich nur zurückhaltend zu ihrem Schlesier- und Deutschtum bekennender Rest des schlesischen Stammes in einer polnischen, meist deutschfeindlich eingestellten und ganz und gar "unpreußisch" regierten Umgebung, während der größte Teil jener Schlesier, welche die Flucht und Vertreibung überlebt hatten und nun in der Bundesrepublik wohnen, ihre Identität als Schlesier weitgehend verloren haben und kaum Aussicht haben, die noch vorhandenen lebendigen Reste ihrer Identität auf Dauer zu erhalten, schon gar nicht unter der Herrschaft einer Führungsschicht, die das Völkerrecht gegenüber dem eigenen Volk mit Füßen tritt[1], die Identität des Staatsvolkes der Auflösung und Zerstörung aussetzt und die Vertriebenenverbände am liebsten aufgelöst sehen würde.

Die polnische Regierung sollte sich an der russischen ein Beispiel nehmen, die inzwischen zahlreiche Verbrechen zugab, die unter kommunistischer Herrschaft von russischer Seite verübt worden waren, so auch der Massenmord an einem Teil der polnischen Führungsschicht im Wald von Katyn. Die russische Regierung gewährte auch schon in vielen Fällen Akteneinsicht, z.B. Einsicht in die Totenbücher von Auschwitz. Oder sind von den polnischen Behörden während der kommunistischen Herrschaft die Akten und sonstigen Dokumente über das Lager Zgoda und andere Lager vernichtet worden?

[1] Siehe dazu u.a.: Roland Bohlinger, *Die deutschen Ostgebiete aus historisch-politischer und völkerrechtlicher Sicht,* Struckum, 6. Auflage 1991.

Die moralische Pflicht zum Bekennen der Wahrheit und zur Herstellung von Gerechtigkeit und Frieden gebietet erstens, die begangenen Verbrechen nicht weiter zu leugnen und die Angehörigen der Opfer nicht weiter in Ungewißheit zu lassen über das Geschehen in den Lagern und über das Schicksal der einzelnen Inhaftierten.

Zweitens müßte die Geschichtsschreibung über diese Dinge und ganz allgemein über das deutsch-polnische Verhältnis und die wichtigsten Ereignisse und deren Ursachen unbedingt versachlicht werden. Zu diesem Zweck müßten unbefangene und neutrale Historiker freien Zutritt zu allen Archiven erhalten. Das müßte umgehend geschehen, solange noch Zeitzeugen leben. Zugleich müßten Forschung und Lehre wieder unabhängig von politischem und wirtschaftlichem Druck und von strafrechtlicher Verfolgung werden.

Drittens müßte das Selbstbestimmungrecht allseits respektiert und gegenseitige Wiedergutmachung für alle materiellen Schäden sowie Wiedergutmachung der nichtmateriellen Schäden geleistet werden, soweit das möglich und zumutbar ist und im Interesse der Wiederherstellung einer gerechten, freiheitlichen, friedlichen, kultur- und zukunftsorientierten Entwicklung liegt. Insbesondere müßte den Schlesiern geholfen werden, ihre Identität zu erhalten und allen Schlesiern gestattet werden, in ihre Heimat zurückzukehren, – was nur ein kleiner Teil will, da die Identitätszerstörung unter den Schlesiern und unter den Deutschen insgesamt schon sehr weit fortgeschritten ist. Und selbstverständlich müßte das alles im Rahmen einer friedlichen und gerechten Gesamtordnung der Dinge geschehen, die auch die polnische Seite und deren berechtigte Interessen berücksichtigt.

Viertens sind alle Personen, die schwerwiegende Rechtsbrüche begingen oder sich unrechtmäßig erhebliche Vorteile aneigneten, zur Rechenschaft zu ziehen. Auch wenn das in vielen Fällen aus Beweisschwierigkeiten oder wegen des inzwischen erfolgten Todes der betreffenden Personen nicht mehr erfolgreich gehandhabt werden kann, sollte das um einer konstruktiven, an ethischen und rechtlichen Prinzipien orientierten Weiterentwicklung des eigenen Volkes und der benachbarten Völker und der Beziehungen untereinander angestrebt werden.

Beschäftigen wir uns nun näher mit dem Lager *Zgoda.*

Es stellt sich zunächst die Frage, wo sich außerhalb der Friedhöfe in der Ortschaft Schwientochlowitz die vielen Massengräber befinden, die seinerzeit von den Häftlingen selbst ausgehoben werden mußten. Ein Gräberverzeichnis ist bisher nicht erstellt worden. Man hat auch darauf verzichtet, alle Todesfälle „standesamtlich" zu erfassen.

Glück hatten meistens diejenigen, die bei den Verhaftungen und in den anschließenden Verhören zeigten, daß sie der polnischen Sprache halbwegs mächtig waren. Sie wurden dann als Autochthone eingestuft und durften meist ihrer bisherigen Arbeit wieder nachgehen.

Da die Industrieanlagen fast unbeschädigt geblieben waren, wurde aus wirtschaftlichen Gründen die nur kurz unterbrochene Produktion unverzüglich wieder aufgenommen. Untersuchungen ergaben, daß die damaligen kommunistischen Machthaber ein früheres deutsches Nebenlager des Konzentrationslagers Auschwitz unweit von Schwientochlowitz vorfanden und als Arbeitslager für die einheimische Bevölkerung wieder in Betrieb nahmen. Das nach Plünderungen noch vorhandene Inventar war weitgehend unbrauchbar. Man beließ jedoch alles, wie man es vorgefunden hatte. Es fehlte an ordentlichen Schlafgelegenheiten, sanitären Einrichtungen und sonstigem Versorgungsinventar. Die Folge waren katastrophale Zustände. Da es sich nicht um ein Kriegsgefangenenlager handelte, nahm das *Internationale Rote Kreuz* zunächst davon Abstand, das Lager zu inspizieren. Als die in Warschau stationierten Mitarbeiter des Roten Kreuzes sich nach Kattowitz begaben und beim Sekretariat des UB vorsprachen, wurden sie mit der Begründung abgewiesen: *„Gehen Sie nach Auschwitz, warum haben Sie das im Krieg nicht getan?"*[1]

Die deutsche Bundesregierung war vor dem Abschluß der Oder-Neiße-Verträge nicht bereit, mit polnischen Regierungsmitgliedern das brisante Thema der polnischen Konzentrationslager nach dem Krieg anzuschneiden, geschweige denn, über eine Wiedergutmachung und über die schweren Benachteiligungen und Bedrückungen der noch vorhandenen Reste des deutschen Volkstums in Polen zu sprechen. Darü-

---

[1] John Sack, *Auge um Auge,* Kabel-Verlag Hamburg 1995, S. 189. Tatsache ist übrigens, daß das IRK Auschwitz mehrfach besuchte.

ber hinaus verzichtete die deutsche Regierung auf sämtliche Ostgebiete, angeblich zur Förderung einer friedlichen und gerechten Zukunft beider Völker. Vorsichtshalber verzichtete die deutsche Regierung aber auch darauf, das Volk zu befragen, ob es mit dem Verzicht in seinem Namen und auf seine Kosten einverstanden war.Obendrein vergab die deutsche Regierung riesige Milliardenkredite und verzichtete auf fällige Rückzahlungen aus älteren Krediten. Ob auf diese Weise Frieden und Gerechtigkeit geschaffen wird? Sicherlich nicht. Eher wird dadurch weitere Begehrlichkeit gefördert. Und finden im Gegenzug die Verbrechen an den Oberschlesiern noch eine, wenn auch späte Sühne, oder zumindest Verurteilung? Wir werden sehen.

Den Polen eine Kollektivschuld anzulasten, entspräche nicht den Tatsachen. Sie wäre ebenso unzutreffend und ungerecht wie jeder Kollektivschuldvorwurf gegenüber irgendeinem Volk. Wer jedoch weghört und weiter stumm bleibt, macht sich mitschuldig, da es keinen Zweifel an den schweren Menschenrechtsverletzungen gibt. Es hatte das größte Vertreibungsverbrechen der Menschheit stattgefunden, mit einer Brutalität und Rücksichtslosigkeit sondersgleichen. Roosevelt, Stalin, Churchill und Hitler muß man als die Hauptverantwortlichen für die Flucht und Vertreibung und für die völkerrechtswidrige Veränderung der Ostgrenzen Deutschlands bezeichnen. Alle vier waren Diktatoren, hinter denen imperialistische Kreise und Ideologien standen. Alle vier waren menschenverachtend und wateten im Blut, die drei erstgenannten und ihre Nachfolger auch und erst recht nach dem Kriege, als keine kriegsbedingte Notwehrsituation mehr vorlag, wo sie aber durch Hinrichtungen, Hungermorde und auf andere Weise mehr Deutschen das Leben nahmen, als im Kriege umgekommen waren, und durch verschiedene Maßnahmen eine noch größere Zahl von Geburtenausfällen und -verhinderungen bewirkten.[1]

Nicht alle deutschen, auch nicht alle alliierten Soldaten haben Verbrechen auf sich geladen, aber jeder war mitschuldig geworden, der sich an den Verbrechen irgendwie beteiligt hatte.

---

[1] Siehe: *Informations- und Dokumentationsdienst* (ID) des *Instituts für ganzheitliche Forschung,* Hg. Roland Bohlinger, Viöl, Ausgabe 1996/1, Nr. 0733, 0750.

Unabhängig von der Schuldfrage ist zu fordern, daß Polen nach dem angestrebten Beitritt zur EG und NATO die Satzungen dieser Organisationen voll erfüllt. Dazu gehört auch in einem angemessenen und realisierbarem Rahmen die Respektierung der Eigentumsrechte.

"Eigentumsfrage mit Polen ungelöst

dpa Bonn - Bundesaußenminister Klaus Kinkel hält die Frage des deutschen Eigentums in Polen für ungelöst. In einer schriftlichen Antwort auf eine Anfrage des Korrespondenten des polnischen Rundfunks in Bonn schrieb Kinkel.

'Die Bundesregierung hat die entschädigungslose Enteignung deutschen Vermögens durch die polnischen Gesetze stets als völkerrechtswidrig verurteilt und nicht anerkannt ...

Bis heute konnte kein gemeinsamer Standpunkt mit der polnischen Regierung in dieser Frage gefunden werden. Die deutsch-polnischen Verträge befassen sich deshalb nicht mit Vermögensfragen. Die Bundesregierung betrachtet diese Frage als weiterhin ungelöst.'" (*Die Welt*, 13.11.1995)

Die polnische Justiz ist aufgerufen, sich unverzüglich rechtsstaatlicher Mittel zu bedienen. Auf keinen Fall darf es schuldhaft zu einer Verjährung schwerer Straftaten kommen, soll dadurch unser nachbarschaftliches Verhältnis nicht auch noch auf diese Weise belastet werden.

Anmerkungen zur Dokumentation

An der Authenzität der niedergeschriebenen Erlebnisberichte, die hier noch gesondert aufgeführt werden, besteht nicht der geringste Zweifel. Sie sind freiwillig und ohne Beeinflussung oder gegenseitige Absprache erstellt und mit eigenen Unterschriften urkundlich vollzogen worden.

Es sollen angeblich noch 345 ehemalige Lagerinsassen in Polen wohnen (John Sack: *Auge um Auge*). Die Richtigkeit dieser Zahlenangabe ist in Zweifel zu ziehen. Als im Spätsommer 1995 unweit des Lagers Zgoda ein Gedenkstein eingeweiht werden sollte, waren unter den Trauergästen nur 7 Personen anwesend, die das Lager überlebt hatten.

Wegen der überaus vielen Zuschriften mußte unbedingt eine Straffung vorgenommen werden. Im Kern wurden die Berichte so belassen, wie sie geschrieben wurden. Grammatikalische oder stilistische Fehler wurden nicht korrigiert, nur Fehler in der Rechtschreibung. Tatsache ist außerdem, daß alle Angaben, die als Verharmlosung oder Übertreibung eingestuft werden könnten, sorgfältig geprüft worden sind, ganz gleich, aus welchen Quellen sie stammten. Aus den Aussagen ist erkennbar, daß im Wesentlichen Deckungsgleichheit besteht. Um Repressalien und Reglementierungen aus dem Wege zu gehen, haben die Überlebenden, die noch ihren Wohnsitz in Polen haben, die Bitte ausgesprochen, daß ihre Namen bei der Veröffentlichung ihrer Berichte nur in Abkürzung verwendet werden. Diesem Wunsch mußte entsprochen werden. Einige Überlebende, die ihren Wohnsitz in der Bundesrepublik Deutschland haben, wünschten, daß ihre vollen Namen und auch ihr Wohnort genannt werden.

Zu den Recherchen über die Sterblichkeitsziffern

Zuerst muß als Quelle das *Bundesarchiv* in Koblenz genannt werden. Dort wurde die Zahl von 1.255 Konzentrationslagern und 227 Gefängnissen in Polen ermittelt, in denen Deutsche inhaftiert gewesen waren. Weiterhin muß der *Landesverband der Oberschlesier* (Geschäftsstelle in der Bahnhofstr. 67/69 in 40833 Ratingen-Hösel) erwähnt werden, der einige Erlebnisberichte dem *Bundesarchiv* in Koblenz übergeben hat und der auch selbst über ein Archiv verfügt. Der inzwischen verstorbene Heimatforscher H. Aschmann hat diese Dokumentation begründet. Er hatte in den Nachkriegsjahren Gespräche mit jenen Überlebenden des Lagers Zgoda geführt, die nach Schließung des Lagers in die Bundesrepublik Deutschland ausreisen durften. 1988 veröffentlichte der Herausgeber dieses Buches einen unter Mithilfe von P. Kleven geschriebenen Artikel „Über die polnischen Konzentrationslager" (*Goldberg Haynauer Heimatnachrichten*, Nr. 42/2, S. 18) sowie einen weiteren Artikel im *Oberschlesier Kurier*, Nr. 1, vom 25.1.1988, in denen u.a. die Lager Zgoda, Tost bei Gleiwitz und Myslowitz genannt wurden, jedoch ohne Angaben über die Zahl der Toten. Auf die gesamte Region Oberschlesien bezogen, schwanken die Angaben über die Zahl der in den Lagern Verstorbenen, sie können nicht exakt genannt werden. Allerdings nennt der ehemalige Häftling Dr. med. Es-

ser für das Lager Lamsdorf die Zahl von 6.048 nachweisbar Verstorbenen.[1] Nach einer geheimen Studie des Bundesarchivs sollen in allen
polnischen Lagern und Gefängnissen mehr als 200.000 Deutsche inhaftiert gewesen sein, von denen mindestens 40.000 bis 100.000 umkamen.[2] Diese Zahlenangaben dürften viel zu niedrig angesetzt sein, wenn
man die große Zahl von Konzentrationslagern und Gefängnissen für
Deutsche bedenkt, die es nach dem Krieg in Polen gab, nämlich 1.483
(s. o.). Wenn man für jedes Lager und Gefängnis durchschnittlich nur
200 Tote annähme, was natürlich rein spekulativ ist, dann wären das
insgesamt fast 300.000 Tote. In vielen Lagern gab es aber 200 Tote
schon innerhalb weniger Tage.

Was das Lager Zgoda betrifft, so werden nach Aussagen der überlebenden Lagerinsassen 7.000 bis 8.000 Tote genannt. Die genaue Zahl
wird man niemals ermitteln können, da nicht jeder Todesfall dem Stadtschreiber von Schwientochlowitz gemeldet wurde, der nachweislich
1.580 Todeseintragungen registriert hatte. Dem Verlag wurde die Lie-
ferung von Kopien von etwa 800 Sterbeurkunden aus dem Standesamt
Kattowitz zugesagt. Der Verlag hofft auch noch auf die Kopien der
Sterbeurkunden aus dem Standesamt von Schwientochlowitz. Die daraus zu erstellenden Namenslisten werden in der nächsten Auflage des
Buches erscheinen.

Das weitgehende Fehlen von Registrierungen und die große Zahl der
Einlieferungen in das Lager Zgoda lassen hinsichtlich der Gesamtzahl
der Häftlinge nur grobe Schätzungen zu. Beim Stadtschreiber in Schwientochlowitz wurden, wie schon erwähnt, 1.580 Tote aus Solomon Morels Lager registriert, das Register ist immer noch einsichtbar, jedoch
sind die Angaben über die Todesursachen meist falsch oder gefälscht.
In Kattowitz sollen etwa 800 Todesfälle registriert worden sein. Nach
John Sacks Ermittlungen lag die Zahl der Toten in Zgoda täglich zwischen 100 bis 138. Tausende der Opfer sollen allein an den Folterungen gestorben sein. Wenn man diese Angaben in Beziehung setzt zur
Betriebsdauer des Lagers, dann dürfte die Schätzung von 7.000 bis
8.000 Tote noch zu niedrig angesetzt sein. In der Warschauer Zeitung
Rzesczpospolita[2] wird als offizielle Angabe die Zahl von rund 10.000

---

[1] Dr. med. Esser, *Die Hölle von Lamsdorf,* Laumann Verlag Dülmen.
[2] Siehe Zitat auf S. 164 dieses Buches.

Toten genannt, wobei allerdings ein Nebenslager Jaworzno mit einbezogen wurde. In der Zeitung *Trybuna Slaska* vom 14.5.1997 ist von insgesamt 35.000 Häftlingen im Lager Zgoda die Rede.[2] Wenn nur etwa zwanzig Prozent starben (niedrigster Prozentsatz laut Bundesarchiv[1]), dann wären das 7.000 Tote.

Es wird sich auch nicht mehr feststellen lassen, wie viele Lagerinsassen an Typhus und anderen Seuchen, wieviele durch Folterungen, Erschlagen oder Verhungern starben. Bei den Leichentransporten, die täglich aus dem Lager erfolgten, sind nach Zeugenaussagen allein an einem Tag bis zu 145 Tote hinausgeschafft worden; jedoch schwanken auch hier die Angaben in den Erlebnisberichten. Nur die um das Lager Zgoda verstreuten Massengräber könnten größere Klarheit schaffen, wenn alle ermittelt, ausgehoben und die Gebeine hinsichtlich der Todesursachen untersucht würden. Bis jetzt gibt es keinen Hinweis, daß sich eine Kommission mit einer solchen Untersuchung befassen würde. Es ist auch kaum zu erwarten, daß eine solche Kommission gebildet würde. An einigen Bestattungsorten sind Schrebergärten angelegt, andere Massengräber wurden einfach eingeebnet.

Der polnische Klerus schwieg zu den Vorgängen, obwohl auch Priester beider Konfessionen unter den Opfern zu beklagen waren. Bezeichnend für die herrschende Verfolgungswut ist die Äußerung eines damaligen katholischen Geistlichen auf die Frage, wo die Toten bestattet werden sollten: *„ Verbrecher gehören nicht auf den Friedhof!"*

Es wurde schon erwähnt, daß ein Gedenkstein eingeweiht wurde. Das zuständige Komitee, gebildet aus Überlebenden des Lagers, bemühte sich um eine Grabrede durch einen vor Ort tätigen Geistlichen. Vier Würdenträger erteilten eine Absage. Erst auf inständiges Bitten erklärte sich ein Priester, dessen Großvater auch in dem Lager umgebracht worden war, bereit, versöhnende Worte zu sprechen.

Rund fünfzig Jahre lang bekamen die Historiker und Journalisten keine Akteneinsicht. Sie mußten sich mit wenigen Fragmenten begnügen. Zu den wenigen Journalisten, die sich dem Thema Zgoda zuwandten und dabei dem Ethos ihres Berufs folgten, gehört zweifellos der Journalist und Buchautor jüdischer Abstammung und amerikanischer Nationalität John Sack, der u.a. über polnische und deutsche Konzentrationslager, darunter auch über Zgoda, Recherchen anstellte und dabei in Erfahrung brachte, daß der Kommandant des Lagers und das Wachpersonal jüdischen Glaubens waren. John Sack ist gläubiger Jude. Er war entsetzt, was er fand. Er spürte den ehemaligen Kommandanten des Lagers, Solomon Morel[1], auf. Morel berichtete John Sack u.a.:

„Er war zwanzig, als die Deutschen einmarschierten. Seine Geißel während des Krieges waren indes nicht die Deutschen, sondern die polnischen Kollaborateure. Polen, nicht Deutsche, verhafteten in der Weihnachtswoche seinen Vater, seine Mutter und einen Bruder – vom Heuschober aus sah Schlomo zu, den Mund voller Heu, damit die Polen ihn nicht schreien hörten. 'Wo sind die anderen Söhne?', fragten die Polen, aber Schlomos Mutter schwieg, und die Polen, nicht die Deutschen, bestraften sie, indem sie erst den Vater, dann den Bruder, schließlich sie selbst erschossen. In dieser Nacht versteckte sich Schlomo mit einem anderen Bruder in einem Friedhof, im März 1943 stießen sie zu den jüdischen Partisanen. Schlomos Bruder saß auf einem 'Partisanenpanzer' – einem Pferdeschlitten –, als mehrere Polen, nicht Deutsche, aufsprangen und ihn umbrachten." [2]

Im Lager bekamen die Deutschen jedoch andere Worte zu hören: *„Ich war in Auschwitz"*, verkündete Solomon Morel den Gefangenen, und log den Insassen etwas vor, aber mehr noch sich selbst. *„Ich war 6 Jahre lang in Auschwitz und habe geschworen, wenn ich heraus komme, werde ich es allen 'Nazis' heimzahlen."* Morel erschlug eigenhändig mit einem aus Eichenholz gefertigten Schemel einige Gefangene. Der Sadismus unter seinem Kommando erreichte seinen Höhepunkt, als er den Wachen befahl, ihre Hunde auf die Gefangenen zu hetzen, die darauf abgerichtet waren, auf das Kommando *„Sic!"*, die Geschlechtsteile abzubeißen.

John Sacks Berichte nahm ich unvoreingenommen zur Kenntnis. Sie waren mir eine wesentliche Hilfe. Meine eigenen Recherchen, die ich

---

[1] Anmerkung durch Roland Bohlinger: Hitler hatte übrigens einen jüdischen Leibarzt mit Namen Morell, der ebenfalls für Massenmorde an Deutschen, außerdem an russischen, polnischen und anderen Kriegsgefangenen verantwortlich war. Morell war allerdings erheblich erfolgreicher als Morel. Näheres siehe bei: Henning Fikentscher, *Prof. Dr. med. Theodor Morell – Ein stiller Mann in der Führungsspitze des Deutschen Reiches von 1936-45,* Neckargemünd o.J.

[2] John Sack, *Auge um Auge,* Hamburg 1995, S. 172 f.

viele Jahrzehnte vor ihm begonnen hatte, zeigten, daß seine Berichte im Wesentlichen der Wahrheit entsprachen und seine Quellenangaben mit den meinen übereinstimmten. Natürlich bleibt es dem Leser überlassen, seine Darstellung, wie auch die Darstellungen der überlebenden Lagerinsassen, selbst zu bewerten.

An Vernehmungsorten wurden von den Zeugen angegeben:

Das Lager in Schwientochlowitz, irgendwelche Keller in der Stadt Neiße in der Koch- und Marienstraße, das Finanzamt in Kattowitz, das Polizeipräsidium mit Nebenstellen in Kattowitz, die Baracken in der Schloßstraße in Kattowitz, die Schule in Barkendorf, die Räume der ehemaligen Deutschen Arbeitsfront in Gleiwitz, ein Gefängnis in der Stadt Gleiwitz, ein Keller in dem Ort Syrynia, ein Keller des Geschäfts Kirstein in dem Ort Groß Strehlitz, das Gefängnis in der Stadt Rybnik, das Ursulinenkloster in der Stadt Rybnik, das Haus Silesia in der Stadt Bielitz, ein Keller in der UB in der Mühlenstraße in Bielitz, das Herz-Jesu-Stift in der Kattowitzerstraße in Königshütte, das Finanzamt in der Stadt Königshütte.

Seitens der Lagerführung wurde eine Selektierung von einigermaßen noch arbeitsfähigen Männern (weniger Frauen) vorgenommen, die zu verschiedenen schweren Arbeiten abkommandiert wurden. Es gab auch Freiwillige, die sich zur Arbeit meldeten oder versuchten, sich in die Kolonne hineinzuschmuggeln, um ihre Verpflegung aufzubessern, sich auch Kontakt mit den Angehörigen versprachen, was in wenigen Fällen auch gelang, jedoch ein großes Risiko bedeutete, noch zusätzlich geschlagen zu werden.

An Arbeitsstätten wurden genannt:

Die Richterstätte in Laurahütte,
die Baildonhütte in Kattowitz,
die Eminenzgrube in Kattowitz,
die Chleophasgrube in der Nähe von Kattowitz,
die Carsten-Zentrumsgrube in Beuthen,
das Arbeitslager in Niwka,
die Modrzew-Grube,
die Falva-Hütte,
die Maxgrube in Michalkowitz,
die Deutschland-Grube,

der Fiziniusschacht,
die Königsgrube in Nordfeld,
die Lithandra-Grube in Friedrichshütte,
die Michael-Grube in Michalkowitz,
die Laura-Grube in Siemmianowitz,
die Eintrachthütte,
die Kohlengrube Krugschacht bei Chorzow, Kopalnia President,
die Florianhütte,
die Gräfin-Laura-Grube in Königshütte,
der Rosengarten in Myslowitz,
das Zentral-Lager in Jaworzno.

Nach Aussagen überlebender Lagerinsassen verstarben Häftlinge auch an ihren Arbeitsstätten. Im übrigen erfolgten auch Überstellungen zur Arbeit in andere Lager.

Verschiedentlich sind noch Arbeits-Karteien vorhanden. Diese sind noch nicht genauer untersucht worden, könnten jedoch einige Rückschlüsse erlauben.

In der Bundesrepublik Deutschland, beim Gerichtshof in Den Haag (Holland) und beim Internationalen Gerichtshof in Genf (Schweiz) wurden Strafanzeigen wegen Mordes und Totschlag gegen den damaligen Kommandanten Solomon Morel erstattet. Zeugenvernehmungen fanden bereits bei einigen Staatsanwaltschaften in der Bundesrepublik statt. Was andere Täter und die Schreibtischtäter betrifft, so herrschte bisher eine weitgehende Unkenntnis über die Namen der Wachleute, die an den Mißhandlungen und Morden mitwirkten. Der Verfasser bringt ausschließlich die in den Erlebnisberichten angegebenen Namen. Im Vordergrund stehen vor allem der Lager-Kommandant Morel, ferner der Vernehmer in der UB, Adamczyk, und der im Lager auftretende Marek, der besonders brutal war und als Kapo bezeichnet wird.

John Sack wurde vor Ort fündig, und ohne Rücksicht auf seine Glaubensbrüder zu nehmen, gelang es ihm, fast alle Täter und Schreibtischtäter bei ihrem vollen Namen zu nennen. Damit hat er viel zu den Ermittlungen der polnischen Staatsanwaltschaft beigetragen.

Der deutsche Freundeskreis in Kattowitz nannte die Herren, die bisher Untersuchungen durchführten:

Rucinski, Jerzy – Staatsanwalt,
Grodski, Marek – Staatsanwalt,

Nasiadlo, Leszek – Staatsanwalt,
Hob, Jerzey – Staatsanwalt,
Chocol – Richter,
Kaminski, Stanislaw – Dr., Oberstaatsanwalt und Chefankläger.

An der Ungeheuerlichkeit der begangenen Verbrechen kann kein Zweifel bestehen. Doch sie sind Vergangenheit. *Daher kann es nur noch darauf ankommen, wie wir, die heute leben, darauf antworten.* Manche Leute wollen, daß die Deutschen für alle Ewigkeit am Pranger stehen. Das ist nicht gerecht. Es ist auch kein Mittel zur Überwindung des Übels. Ebensowenig ist es berechtigt, brächte man andere Völker an den Pranger, auch dann nicht, wenn dies viele Völker beträfe, und zwar wegen der nach dem Krieg in Polen, Tschechien, Jugoslawien, Bulgarien, Rumänien, Rußland, Frankreich, England, Italien und anderswo geschehenen Verbrechen an den Deutschen, selbst dann nicht, wenn es rund 9-11 Millionen Opfer sind, wovon die meisten erst nach dem Kriege umkamen, also zu einer Zeit, als keine rechtfertigende Notwehr mehr vorlag.[1] Es gilt, soweit das möglich ist, *alle* Verantwortlichen für die Verbrechen zu finden und zu verurteilen. Das ist notwendig, jedoch nicht zum Zweck von Rache oder Vergeltung, auch nicht zur Sühne, denn das ist ein sekundäres Moralprinzip, sondern zur Wahrung des obersten Prinzips, ohne dessen absolute Geltung kein Gemeinwesen auf Dauer bestehen kann: des Rechtsprinzips. Zugleich ist es notwendig, gründlich und umfassend nach den Ursachen zu forschen. Denn ohne verläßliche Erkenntnis der wesentlichen Tatsachen, insbesondere des Wesens der geschichtegestaltenden Kräfte, ist keine Heilung möglich, auch kein Rechtsstaat. Darüber hinaus ist es notwendig, aus den Erkenntnissen die richtigen Lehren zu ziehen. Insbesondere muß jede Ideologie, Propaganda und Erziehung, jede rechtliche, wirtschaftliche oder behördliche Maßnahme vermieden werden, die auf einem Anspruch auf Alleinherrschaft, Alleinseligmachung oder Auserwähltheit beruht und deshalb gegen die Erhaltung und freie Entfaltung des einzelnen als Persönlichkeit und ethnischer, religiöser oder kultureller Gruppen gerichtet ist.

---

[1] Siehe die Nachweise im *Informations- und Dokumentationsdienst* des *Instituts für ganzheitliche Forschung,* Viöl 1996/1, Folge 11, Nr. 0733, 0750.

Da in unserem Land Deutsche, die Mordtaten während der national-sozialistischen Herrschaft begangen hatten, abgeurteilt werden, bleibt hinsichtlich einer Strafverfolgung nur die Frage offen, wer von sämtlichen Straftätern der Strafverfolgung entging, und weshalb. Unter den alliierten Gegnern Deutschlands blieben jedoch alle außer Strafverfolgung, die Deutsche ermordeten, sodaß die Ermordung von Deutschen bisher ungesühnt blieb. Sie wird vielfach sogar gefeiert und mit Denkmälern verherrlicht. Das heißt: hier herrscht zweierlei Recht. Und das ist nicht gut. Denn zweierlei Recht ist Unrecht. Es führt zu einer Verluderung der Sitten und Vergiftung der Gemüter, es wird dadurch zu einer Quelle für neue Konflikte und Tragödien. Wo Mord ungesühnt bleibt oder gar verherrlicht wird, kann weder das Recht noch ein Rechtsstaat, weder Gerechtigkeit, Versöhnung und Frieden gedeihen.Obendrein verfielen die deutschen Opfer nicht nur der Mißachtung des Rechts, sie verfielen auch weitgehend der Mißachtung der Erinnerung, sogar im eigenen Volk – wußten doch bereits 1979, wie eine *Emnid-Umfrage* zeigte, 71 Prozent der Bundesdeutschen nichts vom Schicksal ihrer ostdeutschen Landsleute. Heute dürfte der Prozentsatz noch höher liegen. Dagegen wird östlich der Oder die Erinnerung an die Verbrechen, die den Deutschen zugeschrieben werden, eifrig wachgehalten, einschließlich vieler Legenden, Greuellügen und Schuldverdrängungen. Diese Entwicklung wird noch verheerende Folgen zeitigen. Vor allem vergiftet eine falsche Verarbeitung von Schuld, nämlich eine Verdrängung und Verschiebung von Schuld, die Seelen von Tätern, Mittätern, Nutznießern und Opfern. Sie wirkt wie Leichengift. Das gilt für alle Beteiligten, für Deutsche und Nichtdeutsche.

Es bleibt eine traurige Tatsache, daß sich Deutsche, Polen und andere in tausendfältiger Weise zu Tätern und Mittätern machten oder machen ließen und damit gegenseitig zu Opfern. Das muß ein Ende finden. Wichtigste Voraussetzung hierfür ist die Offenlegung der *ganzen* Wahrheit, insbesondere der Wahrheit über den Einfluß imperialistischer Machtgruppen, deren Strukturen, Ideologien und Gehirnwäschemethoden, sowie die richtige Verarbeitung von Schuld und Mitschuld. Hierbei ist es wichtig, daß Schuld nicht zur Identitätszerstörung, sondern zur Identitätsreinigung instrumentalisiert wird. Die Völker müssen ihre Identität *entwickeln,* sie müssen sie an großen moralischen und kulturellen Zielen ausrichten und vertiefen, sie müssen zugleich die Erinnerung an große Leistungen und Persönlichkeiten der Vergangenheit ebenso, wie die Erinnerung an Irrwege und Untaten pflegen, daraus lernen und Kräfte, Regeln und Sitten gewinnen zur seelischen Befruchtung und Befreiung und zur Bildung eines freiheitlichen, rechtsstaatlichen, sozialen, friedlichen, von Imperialismus befreiten Gemeinwesens.

Als mir nach Kriegsende von einem Flüchtling berichtet wurde, er habe das Gerücht vernommen, daß man meinen Vater mit eingeschlagenem Schädel in das Lager Zgoda eingeliefert hatte, und daß er kurze Zeit danach an den Folgen verstarb, so schenkte ich dieser Aussage zunächst keinen Glauben. Ich konnte mir das nicht vorstellen. Meine Vorfahren waren in Oberschlesien seit Generationen bodenständig. Nach der Abtrennung Ost-Oberschlesiens unterlag der Immobilienbesitz der verbliebenen Deutschen, die sich an den Optionen nicht beteiligt hatten, keinen Vermögensenteignungen. Durch den Versailler Vertrag wurden wir automatisch polnische Staatsangehörige und erfreuten uns in den ersten Jahren der Schutzbestimmungen des Minderheiten-Schutzabkommens, fußend auf der *Genfer Konvention* vom 15. Mai 1922, die bedauerlicherweise in den nachfolgenden Jahren kontinuierlich von den Polen ausgehöhlt und immer häufiger verletzt wurde.

In der Erwartung, daß der Druck auf die deutsche Minderheit wieder abnehmen würde, wollte ich mich im erwachsenen Alter der Militärdienstpflicht in Polen nicht entziehen, leistete dem Einberufungsbefehl Folge, so wie andere deutsche Altersgenossen auch, und diente. Auch wenn in meiner Stammrolle vermerkt war, daß ich mich zum Deutschtum bekenne, so bekam ich in keinem Fall Nachteile zu spüren, auch wenn ich nicht stolz und begeistert war, die Uniform eines polnischen Soldaten zwei Jahre lang zu tragen.

In vielen Fällen der Dienstverweigerung der Söhne von Deutschen waren die Familienangehörigen behördlichen Schikanen ausgesetzt. Dieser Schikanen wegen, die auch meinen Vater als selbständigen Kaufmann treffen konnten, biß ich in den "sauren Apfel" und diente. Da ich in den nachfolgenden Jahren im Im- und Exporthandel tätig war und aus beruflichen Gründen wechselnde Wohnsitze in- und außerhalb Deutschlands hatte, befand ich mich vor Ausbruch des Krieges

nicht in Deutschland und nahm an dem Feldzug gegen Polen nicht
teil.

Nach Beendigung des Krieges wiegte ich mich in dem Glauben, daß
meinem in Kattowitz verbliebenem Vater nach Einmarsch der Roten
Armee kein Leid angetan würde, was auch andere Landsleute erwarteten, die aus den vorerwähnten Gründen nicht flüchteten. (Ich habe die
persönlichen Erfahrungen und Empfindungen, die denen meiner gleich-
altrigen Landsleute ähnelten, nur wiedergegeben, um zu zeigen, welche friedfertige und auch arglose Einstellung unter den deutschgesinn-
ten Oberschlesiern möglich war.)

Als mir dann zu einem späteren Zeitpunkt von einem Augenzeugen,
der aus dem Lager Zgoda entkommen war, das Lager geschildert und
der Tod meines Vaters bestätigt wurde, vermutete ich zunächst, daß er
maßlos übertreibe. Ich konnte mir nicht vorstellen, daß ein so tief re-
ligiöses katholisches Volk, wie es die Polen sind, solcher Grausamkeiten fähig sein konnte. Alsbald reiste ich nach Kattowitz, um Einzelheiten in Erfahrung zu bringen und um zu sehen, wo die Wahrheit und
wo die Lüge angesiedelt waren. Mein erster Gesprächspartner war ein
hochbetagter Friedhofswärter, er hieß Kruppa. Auf meine an ihn gestellten Fragen nahm er erstaunlicherweise kein Blatt vor den Mund,
obwohl ich mich in voller Offenheit zu erkennen gab und erklärte, daß
ich extra aus Berlin angereist sei:

Frage: *Herr Kruppa, üben sie schon lange Ihre Tätigkeit als Friedhofswärter aus?*

Antwort: *Ja, sogar schon zu deutschen Zeiten.*

Frage: *Waren Sie auch zugegen, als die Verstorbenen aus dem Lager Zgoda hier bestattet wurden?*

Antwort: *Wenn ein offiziell angemeldetes Begräbnis war, so mußte
ich ja dabei sein, das gehörte zu meiner Tätigkeit und Aufsicht,
denn anschließend mußte ich das Grab zuschaufeln. Aber wenn ich
schon von weitem sah, daß die Häftlinge einen Wagen mit voll übereinander gelegten Leichen zogen, so hielt ich mich in etwa 10 Me-
ter Entfernung auf und begoß die Blumen auf den Gräbern, wo einige Leute mir ein Trinkgeld gaben.*

Frage: *Wie hoch schätzen Sie die Anzahl der aus dem Lager Zgoda
bestatteten Toten?*

Antwort: *Bei der täglichen großen Anzahl der Leichen, die jeden Tag, sogar an den Feiertagen, herbeigeschafft wurden in voll gefüllten Fuhrwerkswagen und zum größten Teil splitternackt waren, wie sollte ich diese zählen, was auch nicht meine Aufgabe war und mir keine Papiere ausgehändigt wurden. Da müssen Sie mal beim Standesamt nachfragen oder bei der Kirche.*

Frage: *Was konnten Sie bei den Bestattungen noch beobachten? Ja, welche Einzelheiten wissen Sie noch?*

Antwort: *Ich sagte schon, daß das Fuhrwerk von Häftlingen gezogen und von hinten auch gestoßen wurde. An den Seiten neben und hinter dem Fuhrwerk gingen dann die schwerbewaffneten "Gorolles", besoffen mit der Zigarette in der Fresse. Als das Fuhrwerk anhielt, mußten die Häftlinge ein riesengroßes Grab ausschaufeln und als sie fertig waren, wurden die Leichen mit Schwung hineingeworfen, da machten die "Rotzer" noch ihre Witze, spornten die Häftlinge mit den Worten zur Arbeit an: 'Bystny, bystny s kurwy syny', auf deutsch: 'schneller ihr Hurensöhne' oder 'niemieckie Swinie', 'deutsche Schweine' und noch mit anderen Schimpfworten, wo ich mich nicht traue, diese auszusprechen. Dann mußten die Häftlinge die Erde auf dem Grab mit den Füßen festtrampeln, so daß es ebenerdig aussah.*

Frage: *Würden Sie meinen Vater auf dem Paßfoto erkennen?*

Antwort: *Aber lieber Herr Landsmann, bei den täglichen Massen von Leichen, die total ausgemergelt und nur noch aus Haut und Knochen bestanden und auch vielfach Verletzungen an den Köpfen hatten, wie sollte ich mich nach so langer Zeit noch erinnern, wer es war, so hatte ich auch Angst zu fragen und war froh, daß mich die besoffene Bande in Ruhe ließ. Diese "Haharen" (abwertender Ausdruck für Gesindel, d. Verf.) sprachen nicht ein Wort deutsch und jeder Satz enthielt das Wort "Kurwa", "Hure". Als Oberschlesier wissen sie ja, was diese Worte heißen. Manche bepißten noch die Leichen, als sie in der Grube lagen!*

Frage: *Gibt es noch andere Gräber außerhalb des Friedhofs?*

Antwort (mit ausgestrecktem Arm und Zeigefinger auf ein Terrain außerhalb des Friedhofes hinweisend, wo Massengräber ausgehoben worden waren): *Wissen Sie, bei der großen Entfernung und meinen schlechten Augen sah ich nur Leute und das Fuhrwerk.*

Mir lief es kalt über den Rücken, ich legte die mitgebrachten Blumen auf das mir gezeigte Massengrab, bedankte mich für das Gespräch, wünschte alles Gute und schämte mich nicht der Tränen. Beim Weggehen rief mir dieser alte Mann mit dem zerfurchten Gesicht noch in seiner harten, aber verständlichen Mundart nach: *„Gute Reise und grüßen Sie mir Deutschland!"* Außerhalb des Friedhofes nahm ich sofort mein Notizbuch, um dieses Gespräch aufzuzeichnen. Dabei reifte meine Absicht, zu gegebener Zeit meine Eindrücke und noch weitere zu sammelnde Aussagen zu veröffentlichen, machte mich auf den Weg, um an Hand von mitgegebenen Adressen einige Überlebende des Lagers aufzusuchen, bei denen ich mich weiter informieren wollte.

Da ich meine Besuche nicht angekündigt hatte und nicht wußte, daß einige Überlebende noch beruflichen Tätigkeiten nachgingen, sie ihre Wohnsitze außerdem in verschiedenen Ortschaften hatten, konnte ich aus Zeitgründen nicht alle erreichen. Aber ich war zufrieden, wenigstens einige Landsleute anzutreffen. Aber von den sehr verängstigten Menschen bekam ich fast stets eine der folgenden Antworten: *„Ich sage kein Wort, sonst holt man mich wieder ab!"* oder *„Fragen Sie die Männer und Frauen, die nach Deutschland eine Ausreise bekamen"* oder *„Ich bin noch kein Rentner und möchte meine Arbeitsstätte nicht verlieren"*.

Einer packte jedoch aus: *„Wenn Sie mir bei Ihrem Augenlicht das Ehrenwort geben, nicht meinen Namen zu nennen, dann sage ich Ihnen, was ich alles erlebt und gesehen habe."* Er, zeigte nach Beendigung des Gesprächs auf die an der Wand hängende *Karbidka* (Grubenlampe, die mit Karbid gefüllt war) mit der Bemerkung, *„Die ist mein einziger Zeuge, ich möchte sie Ihnen als Andenken gern schenken, aber ich brauche sie noch."*

Aus dem Gesprächsinhalt konnte ich das entnehmen, was auch in den Erlebnisberichten zum Ausdruck kommt.

Im Laufe der späteren Jahre bemühte ich mich um die Wohnanschriften ehemaliger Lagerinsassen, die in der Bundesrepublik Deutschland noch lebten, bat um Zusendung der Leidensberichte, die sie selbst geschrieben hatten. In dieser Dokumentation sind weder Personen noch Ortsnamen erfunden. Es ist jedem freigestellt, die erwähnten Archive zu durchforsten, um festzustellen, daß die wiedergegebenen Erlebnisberichte richtig zitiert sind.

Der Verfasser hatte sich zur Aufgabe gemacht, über viele Geschehnisse zu berichten, die bisher der Öffentlichkeit vorenthalten wurden. Auch wenn von den gebrachten Schilderungen vieles für unwahrscheinlich gehalten werden sollte, auch wenn dem Leser der Atem stocken sollte und er sich die Frage stellt, ob solche brutalen Vorkommnisse in einer zivilisierten Welt möglich sein konnten, so entsprechen sie doch der Wirklichkeit.

Das Lager Zgoda wurde für Tausende unschuldiger Menschen deutscher Zunge zur Endstation ihres Lebens. Oft finden wir in den Erlebnisberichten die Aussage: *Wer aus diesem Lager herauskam, hat dieses einem Wunder zu verdanken.* Wenn auch einige Angaben phantastisch erscheinen mögen, so bieten doch alle Schilderungen eine weitgehende Deckungsgleichheit. Die Berichte waren von Oberschlesiern geschrieben worden, die voneinander nichts wußten, ein Zeichen dafür, daß keiner von der Wahrheit wesentlich abgewichen ist!

Die in Deutschland und Polen vielfach gebrauchten Worte "Versöhnung" haben bisher nur den Stellenwert von Worthülsen. Das wird so bleiben, bis der enteignete Grundbesitz zurückerstattet wird und sonstige Wiedergutmachungen erfolgen, fußend auf den vielen internationalen Verträgen und Konventionen, die in der Presse zur Genüge publiziert wurden. Wenn diese Vertreiberstaaten letztendlich Anerkennung in der Völkergemeinschaft UNO finden wollen, müssen sie eines Tages die Statuten und Beschlüsse dieser Gemeinschaft anerkennen.

Erfreulicherweise erlaubte die polnische Regierung ab 1990 die gerichtliche Registrierung von *Deutschen Freundschaftskreisen* in Form von Deutschsozial-kulturellen Gesellschaften auf Bezirksebene, sowie zweisprachige Zeitungen, die bisher verboten waren. Auch gewählte Abgeordnete der deutschen Minderheit haben ihren Platz auf der Regierungsbank in Warschau eingenommen.

Schätzungsweise leben in Oberschlesien noch 800.000 Deutsche. Einen wirksamen Schutz der deutschen Volksgruppe gibt es jedoch nicht, gemessen an meist straflos bleibenden Übergriffen chauvinistischer Täter. Es fehlen auch viele Schulen mit Unterricht in deutscher Muttersprache. Niemand kann jedoch den seit Generationen ansässigen Deutschen das Recht bestreiten, sich für die Bewahrung ihrer Kultur, Sitten und Bräuche einzusetzen. Die menschliche Würde und die Menschenrechte sollten überall und uneingeschränkt Geltung besitzen. Und das Gebot der Wahrheitsliebe erfordert es, selbst wenn dies dem Zeitgeist mißfallen sollte, daß auch jene polnischen Geschichtsperioden objektiv geschildert werden, wo die Gewissensfreiheit unterdrückt und Minderheiten verfolgt worden sind. Es heißt zurecht: Wer vor seiner Vergangenheit wegläuft, wird von ihr eingeholt. Und der große Philosoph Kant sagte einmal: *„Wenn die Gerechtigkeit untergeht, dann hat es keinen Wert, daß Menschen auf Erden noch leben!"*

Die Zeitung *Der Schlesier* veröffentlichte zur EMRK (Europäische Menschenrechtskommission), Ausgabe vom 27. Mai 1994, Seite 4 u.a.:

„... Die polnische Regierung hat sich in den deutschen Gebieten jenseits von Oder und Lausitzer Neiße, die Polen 1945 zur militärischen Besetzung und vorläufiger Verwaltung überlassen worden waren, an der dort rechtmäßig ansässigen deutschen Bevölkerung der grausamsten Verbrechen schuldig gemacht. Wäre ein solches verbrecherisches Vorgehen während der Zeit des Zweiten Weltkrieges von deutscher Seite in den von ihr besetzten Gebieten begangen worden, dann wären diese Verbrechen längst als sogenannte Kriegsverbrechen geahndet und die dafür Verantwortlichen zur Rechenschaft herangezogen und abgeurteilt worden. Die von polnischer Seite nach dem Ende des Zweiten Weltkrieges begangenen Verbrechen dagegen sind bis jetzt ungeahndet und somit auch ungesühnt geblieben. Daß die polnische Regierung ständig darum bemüht ist, sich aus der Verantwortung Polens für die in seinem Namen an den in von ihm besetzten deutschen Gebieten der dort 1944/45 berechtigterweise seßhaften Deutschen gegenüber begangenen Verbrechen zu stehlen, ist verständlich. Jedoch läßt sich die Schuld Polens nicht leugnen, und es ist unabdingbar, daß Polen eines Tages für sein schuldhaftes Verhalten herangezogen werden und Wiedergutmachung zu leisten haben wird.

gezeichnet:

Dr. Frans du Buy
Mozartlaan 107
7522 Enschede (Niederlande)
Vertreten nach Art. 32 Abs. 2 der Verfahrensordnung der EMRK"

Erlebnisberichte

(1) Bericht von Dorothea Boreczek.

Ich habe Jahre gebraucht, um die furchtbaren Unmenschlichkeiten, welche in dem vorgenannten Lager geschahen, zu verdrängen. Oft wünsche ich alles zu vergessen, jedoch es gelingt mir nicht! Wie im Schweiß gebadet wache ich in einem zitternden und krampfhaften Zustand des Nachts plötzlich auf und versuche dann, durch Einnahme von Beruhigungsmedikamenten mich den wiederholten Alpträumen zu entziehen. Jetzt darüber sprechen zu dürfen und diese schauerlichen Erlebnisse in langanhaltender Geduld und Mühe in voller Wahrheit festzuschreiben, jedoch im nachhinein etwa Mitleid zu erwecken, entspricht nicht meiner Wesensart, jedoch sollten Verbrechen, wie diese im Lager Zgoda stattfanden und jetzt noch geahndet werden können, nicht verschwiegen werden oder der Vergessenheit anheimfallen. Bezogen auf meine Übersiedlung, die erst im Jahre 1970 in die Bundesrepublik Deutschland erfolgte, hatte ich seinerzeit große Angst und nahm davon Abstand, meine Lagererlebnisse in der polnischen Öffentlichkeit publik zu machen, auch davon ausgehend, nicht weitere Schikanen zu erdulden, dabei warnenden Erfahrungen ehemaliger Lagerinsassen folgend, mich im Stillschweigen zu üben, zumal ich im Anschluß an meine Entlassung aus dem Lager in Abständen noch weiter verhört wurde. Trotz der vergangenen Geschehnisse möchte ich noch anmerken, daß ich mit fast im gleichen Alter lebenden polnischen Freunden [verkehre], die von den damals begangenen Scheußlichkeiten lange Zeit keine Kenntnis hatten, und unsere Freundschaft weiter pflege.

So breche ich auch das bisherige Schweigen, zumal auch der US-Journalist John Sack in seinem vor kurzer Zeit erschienenem Buch [gemeint ist das im Kabel-Verlag erschienene Buch: Auge um Auge] in großen Umrissen auch über das Lager Zgoda berichtet hatte. In Kenntnis und eigener Inaugenscheinnahme über die Zustände in diesem Lager im Detail zu berichten, so beabsichtige ich nur, einige Lücken zu schließen.

Noch heute kann ich es nicht begreifen, daß ich und meine Mutter in entsetzlichen Demütigungen, im Schmerz und Leid die unvorstellbaren sadistischen Exzesse ertragen konnten und wie ein Wunder überlebt hatten, zu denen ich auch einige Leidensgenossinnen noch erwähnen werde.

Da ich einem sehr vermögenden Elternhaus mit großem Immobilienbesitz entstamme, war es das Naheliegende, uns im Lager verschwinden zu lassen und uns total zu enteignen, wobei auch nach unserer Einlieferung ins Lager mein Vater in ein Gefängnis eingesperrt wurde. Ich erinnere mich noch im Kindesalter aus Tischgesprächen meiner Eltern, die keinen politischen Inhalt hatten, und die sich auch in keiner Weise politisch betätigten, nur ihren Pflichten und Verpflichtungen nachgingen, so gesehen, lag es auch nicht im entferntesten in der elterlichen Absicht, Kattowitz zu verlassen, und in dieser Begründung liegend, zu welcher Zeit auch immer von niemanden belästigt zu werden.

Mein und meiner Mutter Leidensweg nahm seinen Anfang am 27. Februar 1945. An diesem Tag war mein Vater in geschäftlichen Angelegenheiten außer Haus, während wir die üblichen Arbeiten im Haushalt verrichteten. An dem vorerwähnten Tag erschien ein bewaffneter Miliz-Offizier in unserer Wohnung im Kommandoton uns auffordernd, schnellstens tägliche Gebrauchsgegenstände in sichtbarer Kontrolle auf den Tisch zu legen, während er in Eile, wie ein "Einbrecher" die Wohnung durchwühlte und alles, was ihm wertvoll erschien, in seine Hosen- und Manteltaschen stopfte. Ohne einen Haftbefehl uns vorzuzeigen, wurden wir im barschen Ton aufgefordert, ihm zu folgen. Unsere erste Station war eine im Untergeschoß eines Gefängnisses gelegene kleine Zelle, meines Erinnerns in der ulica Powstanca in Kattowitz. Daselbst verbrachten wir mehrere Tage. Schon in der ersten Nacht hörten wir die Schreie von Gefolterten, die sich in den folgenden Tagen und Nächten fortsetzten. Dabei fiel uns auf, daß wir nicht verhört wurden und nur noch in großen Abständen unseren Bewacher zu Gesicht bekamen, der uns mit Wasser und kärglichem Essen versorgte. Aus unerklärlichen Gründen wurden wir in ein anderes Gefängnis verlegt, wo wir auch nicht verhört wurden und den trügerischen Schluß zogen, bald entlassen zu werden. Allerdings konnten wir durch das vergitterte Zellenfenster beobachten, wie einige Häftlinge gefol-

tert und geprügelt wurden von einem Offizier der Miliz, den wir später noch kennen lernen sollten und Sroka hieß. Wieder nach einigen Tagen, wir hatten schon das Zeitgefühl verloren, wurden wir [wegtransportiert, und zwar] mit noch einigen Männern mit der Straßenbahn, die vermutlich als Transportmittel von Häftlingen zur Verfügung stand, unter Aufsicht des Offiziers Sroka während der Fahrt wahllos geschlagen, bis wir die Ortschaft Schwientochlowitz erreichten.

Mit zusätzlichen Fußtritten, um das Aussteigen zu beschleunigen, wurden wir dann "entladen" und in Wartestellung standen schon hämisch lachende bewaffnete Bewacher, die uns aufforderten, mit erhobenen Händen und dem Gesicht zu einer Hauswand Aufstellung zu nehmen, an der wir stundenlang ausharren mußten. Plötzlich vernahmen wir mehrere Schüsse! Entgegen dem Befehl, sich in dieser Position nicht von der Stelle zu rühren, bekam ich eine panische Angst und drehte mich um. Das bemerkte ein junger bewaffneter Soldat in Uniform, sprang mit einer drohenden und brüllenden Geste auf mich zu mit den Worten: "Euch wird hier keiner erschießen, ihr werdet von allein krepieren!"

Er wußte, was er sagte, das große Krepieren begann sehr bald! Nächste Unterkunft war die Frauenbaracke des berüchtigten Lagers Zgoda, wo uns die Stubenälteste Frau Piwko aus Gleiwitz empfing. In den dreistöckigen, roh zusammengezimmerten Pritschen, die nur aus nackten Brettern ohne Matratzen und Decken bestanden, besät von einer unbeschreiblichen Anzahl von Ungeziefer, Wanzen, Läuse und Flöhe - ein ekelerregender Anblick. Durch die Überbelegungen an Häftlingen mußten wir die erste Zeit auf dem Fußboden kampieren, glücklich konnte sich jemand schätzen, der auf einer Pritsche die Nacht verbringen konnte. Das Lagerleben hatte seine eigenen Gesetze in der Einhaltung der Vorschriften, die willkürlich geändert wurden. Einmal täglich und das nicht immer und zwar am Morgen, marschierten wir etwa 20 Personen in den Waschraum, weder Seife noch Handtücher standen uns zur Verfügung. Mit nasser Haut schlüpften wir, nachdem wir uns mit eiskaltem Wasser abgerieben hatten, in unsere Kleider. Im Bereich des Baderaumes organisierte "Herr Dr. med. Glombitza" Orgien für die Bewacher, wobei in einer Art von "Beinschau" die Röcke bis zu den Oberschenkeln gehoben werden mußten. Es war erschüt-

ternd mit anzusehen, wie die mit welker schrumpfender Haut überzogenen Skelette, mit kahlgeschorenen Köpfen und deformierten Brüsten, teilnahmslos standen und sich den Befehlen widerspruchslos fügen mußten. Einige waren durch den Hunger so ausgemergelt und geschwächt, daß sie sich gegenseitig an den Händen hielten, um nicht umzufallen. Die in einer Leutnantsuniform, an den Händen mit viel Schmuck behaftete Freundin des Kommandanten Morel gab wohl die Empfehlung, allen Frauen bis zur Glatzköpfigkleit die Haare zu entfernen, um dem Ungeziefer keinen weiteren Unterschlupf zu geben. Im Nachhinein betrachtet eigentlich eine Lösung, da keine Infektions[gegen]mittel zur Verfügung standen, so demütigend es auch war. Einige durch die totale Glatzköpfigkeit veränderte Frauen liefen in ihrer Verzweiflung auf die Elektrodrähte des umgebenden Sicherheitszauns zu, und nach den ersten "Starkstromleichen", die daselbst herumlagen, wurde dann von der totalen Haarentfernung abgelassen. Die Nichttätigkeit in den Baracken benutzten wir zum "Knacken" der Läuse und Tötung sonstigen Ungeziefers, es sei denn, unsere Tätigkeit wurde durch einen Appell unterbrochen, auf dem wir dann stundenlang stehen mußten. Die Herren Offiziere vertrieben sich auch damit die Zeit, die Häftlinge mit Schlägen und sonstigen Schikanen zu malträtieren. Sehr oft war auch ein Przewodnik [höherer Befehlshaber] zu "Gast", der unter dem Namen Skutella berüchtigt war und durch das Fehlen seines linken Armes an seinem Schultergelenk einen dicken Lederriemen hatte, alsdann mit seinem rechten Arm bestialisch auf die Häftlinge einschlug und so manchen ins "Jenseits" beförderte! Auch die Nächte wurden durch herzzerreißende Schreie zu einer ungeheuren nervlichen Belastung, die aus der Richtung der sogenannten "Braunen Baracke" kamen, wo die Männer einsaßen. Des Morgens lagen dann die Körper der erschlagenen Häftlinge vor der Baracke. Alsdann wurden die Leichen in den Leichenschuppen befördert und anschließend auf einem Leiterwagen zum Friedhof oder sonstwohin transportiert oder verscharrt, wie es sich herumgesprochen hatte. Nur die Totengräber galten als privilegiert. Sie hatten zeitweise Kontakt zur Außenwelt und entgingen meistens den Prügeleien. So war die Arbeit außerhalb des Lagers von Häftlingen sehr erwünscht, die mit der Beschaffung von wenigen eingeschmuggelten Lebensmitteln die Möglichkeit hatten, eventuell zu überleben. Unsere Nahrung bestand anfangs aus gefrorenen geschnitzelten Schweinerüben, die in einer undefinierbaren Flüssig-

keit schwammen, nichts beinhaltet hatten und durch den sauren Ge-
schmack ungenießbar waren. Dieses Essen empfingen wir in alten ver-
rosteten Konservenbüchsen, das war unser Eßgeschirr! Dazu gab es
noch 200 g Brot und der Totentanz nahm seinen Anfang!

Auf die Massen von Häftlingen war das Lager nicht vorbereitet, um
ihnen Überlebensbedingungen zu geben. Durch die "Zu- und Abgän-
ge", geflügelte Worte in dem Lager, entzog sich "vieles" einer Kon-
trolle. Die Leichentransporte wurden zu einem gewohnten Bild. Das
Ziel der Lagerführung war, durch Vegetieren uns schlußendlich zu
vernichten, zeichens der hohen Anzahl durch Hunger Verstorbenen. Al-
le Gräser, die an den Baracken wuchsen, wurden von den Häftlingen
herausgerissen und gegessen. Zur Latrine durften wir nur gesammelt
zu 20 Personen marschieren und das immer in Hast und Eile unter
Bewachung. Die Gefangenen erhielten auch keine Post von den Ange-
hörigen. Man erlaubte 1 x in der Woche für die Häftlinge Lebensmit-
tel am Tor abzugeben, die von den Bewachern "kontrolliert", sprich
geplündert wurden. Ich erinnere mich noch an eine Lebensmittelgabe
meiner Großmutter, die mir aus 3 Pellkartoffeln bestehend überreicht
wurde. Das war eine sehr große Freude, ein kleiner Hoffnungsschim-
mer, einen Tag mehr zu überleben. Einmal quälte mich der Hunger so
sehr, daß ich meine Mutter bat, sich mit mir in den elektrischen Zaun
zu stürzen. In dieser Zeit glaubte ich, wie die anderen auch des Hun-
gers zu sterben. Täglich nahm die Invasion der Ratten und des Unge-
ziefers zu. Eines Tages kam der Befehl, nochmals einer totalen Ent-
lausung. Alle Frauen mußten sich nackt ausziehen. Die Kleidungs-
stücke wurden in einer improvisierten Kammer mit angeblich einer
sehr hohen Temperatur desinfiziert. Aber das war nur ein kurzer Ver-
such. Dabei wurden die meisten Kleider verbrannt. Mit den ersten Som-
mertagen stieg die Zahl der Kranken und Toten. Bei den Sterbenden
war der Andrang der Häftlinge, die auf Kleidungsstücke warteten, be-
trächtlich. Es gab sogar handgreifliche Auseinandersetzungen um die
Kleidungsstücke. Gewisse Erleichterungen traten erst durch die unge-
heuerliche Anzahl der Toten ein. So wurden nur noch selten Appelle
abgehalten und jeder konnte zur Latrine gehen, wann er wollte. So
wie ich es beurteilen konnte, sah ich bei den Sterbenden niemals ei-
nen Arzt und mir war auch nicht bekannt, daß die mich umgebenden
Leidensgenossen ein Medikament erhielten. Morgens kam immer ei-
ner der männlichen Gefangenen und fragte nach der Anzahl der To-

ten. Diese lagen nackt vor der Baracke, nachdem man sie durch das Fenster geworfen hatte. Niemals habe ich gesehen oder gehört, daß eine Liste über die Toten geführt wurde. Jeglichen Kontakt zur Aussenwelt war verboten. Die Familien der Verhafteten brachten trotzdem weiterhin alles, was sie sich vom Munde absparen konnten, an den Lagereingang, um den Angehörigen die geringe Chance zum Überleben zu geben. Sehr oft haben sie vom Ableben ihrer Familienmitglieder von den Totengräbern erfahren, welche als einzige das Lager verließen. Nach meiner Auffassung und der anderer Häftlinge, die ein ganzes Jahr in diesem Lager verbrachten, hatten mindestens 7.000 bis 8.000 Menschen nicht überlebt. Die an den Folterungen, des Hungers oder von Seuchen Verstorbenen kann man, auf einzelne Personen bezogen, niemals in der Statistik erfassen.

Meine Sorge galt meiner im hohen Fieber liegenden Mutter, die nicht mehr ansprechbar war. Durch meine Erschöpfung war die Pflege so anstrengend, daß ich kurz vor dem Zusammenbruch stand. Um ihr nur ein wenig zu helfen, machte ich aus meiner Bluse, Schlüpfer und Büstenhalter Wadenwickel, wie ich es mal von meiner Großmutter hörte. Eines Tages wurde unerwartet das Licht gelöscht. Herein kam Morel mit Dr. Glombitza. Letzterer brüllte fürchterlich und schlug seinen eigenen Komplizen. Als dieser auf dem Boden lag, ordnete Morel an, die bewußtlosen Kranken in eine andere Baracke zu schaffen, dabei auch meine Mutter. Vor Schreck und Leid erstarrt fiel ich in Ohnmacht. Aus dieser Lethargie rüttelte mich eine Zimmergenossin, sie war nach meiner Kenntnis Schweizerin und die einzige Ausländerin in diesem Lager. Auch war mir bekannt, daß ein junger Mann, der sich durch seine Staatsangehörigkeit als Holländer bezeichnete, im Männerlager lebte. Diese Schweizerin hatte wohl wegen meiner Jugend Mitleid mit mir, legte mich auf ihre Pritsche und bei Erwachen lag ich hautnah neben ihr, die Wärme der Zudecke genießend. Morgens ging ich auf die suche nach meiner Mutter und fand sie in einer Nachbarbaracke bewußtlos mit einer blutigen Platzwunde am Kopf. So gut ich es konnte, versuchte ich sie zu versorgen. Die Baracken waren niedrig, wie auch die Fenster. Weil ich selbst schon krank und schwach war, legte ich mich unter dem Fenster auf die Kieselsteine, um in der Nähe der Mutter zu bleiben. Aus meinem Schlaf riß mich Dr. med. Glombitza heraus, drohend, mich in den "Wasserbunker" umzuquartieren. Mit letzter Kraft schleppte ich mich zu meiner Schweizerin. Durch das hohe Fieber fiel ich in Ohnmacht und nur noch lückenhaft konnte ich noch einiges wahrnehmen. Eines Morgens wachte ich auf. Der Raum war leer. Ich lag mit der Schweizerin unter einer Decke und ich glaubte, daß sie noch schlief. Mit großer Anstrengung verließ ich die Pritsche, um Wasser zu holen und meinen "Schutzengel" zu versorgen. Ich rüttelte sie erst sanft, um sie zu wecken, und da sie nicht reagierte, rüttelte ich heftiger und sprach sie an. Als ich voller Entsetzen feststellte, daß ihre Hände und das Gesicht wachsfarbig war, [wußte ich, daß sie] im nächtlichen engen Körperkontakt an meiner Seite gestorben war. Trotz der Pietät, die ich empfand, griff ich nach der Zudecke und eignete mir diese an, die für mich nicht nur weiteres Leben bedeutete und im Schüttelfrost mein Wärmespender war. Dank dieser Decke erholte ich mich langsam und kam wieder zu Kräften. In der andauernden Krise fiel ich wieder in Bewußtlosigkeit und als ich erwachte, lag meine Mutter neben mir, die bis zur Unkenntlichkeit aussehend so entstellt war, daß ich glaubte, eine fremde Person sich meiner angenommen hatte. Mitinhaftierte Frauen erzählten mir später, daß meine Mutter auf allen "Vieren" kriechend, mich von Baracke zu Baracke suchte.

In dieser Zeit bekamen wir Haferschleim und fütterten uns gegenseitig. Aus welchen Beständen der Haferschleim kam, ist für mich heute noch unverständlich. Als ich dann soviel Kraft hatte, die Baracke wieder verlassen zu können, um die Latrine aufzusuchen, mußte ich zu meiner Überraschung feststellen, daß das Frauenlager fast leer war. Durch die fürchterliche Seuche hatten nur wenige Frauen überlebt. Damals, als ich das kleine Häuflein von "Elend" sah, wurde mir erst bewußt, wie schnell der Tod seine Ernte hielt. Schlagartig wurde die Verpflegung aufgestockt und machte uns wieder ein wenig Mut. Und da man gezwungenermaßen hautnah mit anderen Lagerinsassinnen zusammenleben mußte, so nahm ich auch Anteil an dem Schicksal meiner Leidensgenossinnen. Eines Tages wurde mit einem neuen Transport eine Frau eingeliefert, die durch ihre auffallende Schönheit zunächst uns beeindruckt hatte. Es dämmerte schon, als sie die Baracke betrat, sich sofort mit dem Bauch auf den Fußboden legte und unaufhörlich wimmerte. Ihr Rücken war so zerschlagen, daß man den Eindruck hatte, als würde sie dunkelblaue Wäsche tragen.

Einmal hatten wir das unbeschreibliche Glück und durften zur Arbeit außerhalb des Lagers gehen. Außer uns beiden Frauen waren noch acht Männer, denen man mit weißer Farbe Hakenkreuze auf den Rücken gemalt hatte. Unser Ziel waren die Kasernen in Schwientochlowitz, wo wir den Auftrag hatten, daselbst die Fenster zu putzen. Nicht nur, daß wir von der Bevölkerung mit Steinen beworfen wurden, kam noch dazu, daß unsere Bewacher noch zusätzlich mit ihren Gewehrkolben uns schlugen. Plötzlich kam ein Soldat auf uns zu und befahl Friedel (so nannte ich sie), mit ihm zu gehen. Dadurch, daß ich selbst unter Bewachung stand, war es mir nicht möglich, ihren Aufenthaltsort ausfindig zu machen. Zu meiner großen Freude kam sie schwankenden Schrittes zu meiner Arbeitsstelle zurück, war zerkratzt und blutend und ordnete ihre zerrissene Bluse. Friedel Ucieha stammte aus Gleiwitz, hat nicht geheiratet und zur Zeit ist sie Lehrerin für die deutsche Sprache. Auf meinen Vorschlag, ihre Erlebnisse niederzuschreiben und zu veröffentlichen, reagierte sie mit einem Weinkrampf.

Es gab viele Tragödien in diesem Lager, die mich bewegten, aber ich konnte nicht helfen. Meine spätere Pritschennachbarin, ein junges hübsches Mädchen, war Straßenbahnschaffnerin und sprach kein Wort polnisch. Als die Seuche ausbrach, war sie einer der ersten Personen, die erkrankte. Bewußtlos mit hohem Fieber lag sie auf der harten Pritsche. Frau Piwko, unsere bereits vorgenannte Stubenälteste, forderte sie auf, den Fußboden 3 x täglich zu wischen. Als keine Reaktion kam, stürzte sie sich mit ihren Fäusten schlagend auf das in Agonie liegende Mädchen, zerrte sie an den Haaren aus der Pritsche und warf sie auf den Fußboden. Einige Stunden später verstarb sie.

Im Frauenlager fiel auch eine Frau auf, die mit niemandem sprach und wurde von uns Gräfin Agnes genannt. Ihr verwirrter Geisteszustand zeigte sich darin, daß sie sich einbildete, mit wiegenden Gesten ihr Kind auf den Armen zu haben. Sie war ebenfalls bis zum Skelett abgemagert und mit ihrem kahl geschorenen Schädel und bläulichen Lippen bewegte sie sich wie ein Gespenst. Plötzlich fing sie laut zu weinen an und versprach uns lauthals die Freiheit, zog ihre gesamten Kleidungsstücke aus und rannte splitternackt zum Eingangstor. Sie kam nie wieder zurück!

Schlußendlich erinnere ich mich auch noch an Frau Hildegard Igle, eine wohlhabende Unternehmerin aus Kattowitz, die auch nicht polnisch sprach. Ihr Sohn kämpfte angeblich noch an der Ost-Front. Eingeliefert wurde sie in einem eleganten grauen Kostüm, welches mit

Blutflecken übersät war. Von diesen Schlägen konnte sie sich nicht mehr erholen und durch die zusätzliche Erkrankung an Typhus wurde ihr Ableben noch beschleunigt. Als sie noch röchelnd in der Agonie lag, zerrte wiederum die Stubenälteste Frau Piwko sie auf den kahlen Fußboden und versuchte ihr die Kleider vom Leibe zu reißen. Frau Igle bat flehentlich weinend, noch für die letzten Augenblicke ihres Lebens die Kleidungsstücke zu belassen. Vergeblich – sie gab den Geist für immer auf!

Bei solchen widerlichen Ereignissen, wie diese sich abspielten, wie auch in anderen Schikanen, bestand der Alltag in diesem Lager. Die Gewalttäter und -täterinnen erfreuten sich später keiner Strafverfolgung, bis auf Dr. med. Glombitza, der laut Hörensagen in der Bundesrepublik Deutschland vor Gericht gestellt wurde.

Nach einem Jahr des Vegetierens in dieser "Krepieranstalt", wie das Lager von uns genannt wurde, kam eines Tages überraschend die Entlassung. Nicht alle wurden entlassen! So hatte ich als vierzehnjähriges Mädchen noch meine Mutter zu versorgen. Das noch kurze Leben, welches ihr bevorstand, verbrachte sie bis zu ihrem Ableben in geistiger Umnachtung. Zu meinem Entsetzen erhielt ich von der U.B. (angeblich eine Registrierdienststelle in Kattowitz) die zynische Antwort, daß man mit 55 Jahren zu sterben hat! Das Gesicht dieses von mir verfluchten Mannes werde ich niemals vergessen

Alle diese unmenschlichen "Auswüchse" in dieser "Krepieranstalt" prägten und überschatteten mein bisheriges Leben.

D. Boreczek

Originalunterlagen archiviert bei der *Landsmannschaft der Oberschlesier* in Ratingen.

Erklärung

Der US-Journalist John Sack hat in seinem mit mir geführten Interview, ohne mich nach meiner Gesinnung zu fragen, später in seinem erschienenem Buch "An Eye for an Eye" (Published by Basic-Books Inc., A Division of Harper Collins – 10 East 53rd Street, New York) mich als Polin bezeichnet. Diese Einlassung beruht auf einem Irrtum! Meine Muttersprache war deutsch und ich fühle mich als Deutsche. Nach Entlassung aus dem polnischen Konzentrationslager *Zgoda* übersiedelte ich nach der Bundesrepublik Deutschland, wo ich jetzt noch meinen Wohnsitz habe.

71638 Ludwigsburg
Stuttgarter Strasse 89   D. Boreczek

(Übersetzung aus dem Polnischen)

An den Herrn Justizminister der Republik Polen
Offener Brief

Sehr geehrter Herr Minister,

mit einem Schreiben vom 14.1.1994 wandte ich mich an die Zentrale Kommission für die Untersuchung der am polnischen Volk begangenen Verbrechen und das Institut für nationale Vergangenheit in Warschau in einer Angelegenheit, die den im Jahr 1945 durch Angehörige des ehemaligen Staatssicherheitsdienstes an den Gefangenen des Arbeitslagers *Zgoda* in Swientochlowice begangenen Massenmord betrifft.

Ich legte in diesem Schreiben dar, wie es die Ihnen unterstellten lokalen Behörden vereitelt haben, die Schuldigen an der Ermordung von mindestens 2.500 Gefangenen in diesem Lager rechtlich zu belangen. Ich hoffte, auf diese Weise die Mauer des Schweigens um diesen Tatbestand durchbrechen zu können. Da dieses Verbrechen zweifellos ein Massenmord war, müßte man von den Organen der Rechtspflege erwarten, daß sie jetzt, gemäß der heutigen polnischen Verfassung, der heutigen polnischen Rechtsordnung sowie gemäß den geltenden internationalen Konventionen tätig werden und die erforderlichen Maßnahmen treffen. Denn dieses Verbrechen unterliegt keiner Verjährung.

Die Justizbehörden zogen jedoch vor zu schweigen. Sie reagierten nicht auf mein Schreiben, und auch Sie, Herr Minister, haben sich diesem Schweigen angeschlossen, das über die Massenmorde gebreitet bleiben soll.

Mit diesem Schweigen stellen Sie sich außerhalb des in Polen geltenden Rechts und mit einem derartigen Verhalten leisten Sie dem polnischen Staat den denkbar schlechtesten Dienst.

Die in Schwientochlowice verübten Verbrechen kann man weder verheimlichen noch durch irgend einen objektiven Grund rechtfertigen. Die große Mehrzahl der Polen ist durch diese Dinge nicht belastet, und sie vermag sich mit dieser Politik des Verschweigens gewiß nicht zu identifizieren.

Ich bin deshalb gezwungen, angesichts dieser Sachlage, auch im Namen der wenigen noch lebenden Opfer wie auch in meinem eigenen Namen, mich mit einem offenen Brief an Sie zu wenden. Das gilt umso mehr, als das Ausmaß aller vom UB in Schlesien begangenen Verbrechen diejenigen im Lager *Zgoda* in Schwientochlowice um ein Vielfaches übertrifft.

Das Ministerium, dem Sie vorstehen, trägt die Verantwortung dafür, daß die Beweislage manipuliert wird und Strafverfahren nicht eröffnet werden, obwohl belastende Dokumente und Beweise für die in Schlesien begangenen Verbrechen vorliegen. Die Ihnen unterstellten Behörden sind im Besitz zahlreicher Beweismittel über das Ausmaß der vom UB begangenen Verbrechen, und zudem sind noch heute Zeugen dieses Martyriums, das Zehntausende von Opfern zählt, am Leben. Diese Zeugen sind den Justizorganen wohl bekannt, so wie auch die Täter ihnen bekannt sind.

Ich habe Sie persönlich in meinem Schreiben davon in Kenntnis gesetzt, daß ich, als ich mich an das Landesgericht in Kattowitz wandte, um den Verlauf des Verfahrens zu erfahren, von dem Richter dieses Gerichts vernehmen mußte, daß *"es in dieser Sache keine Entscheidung aus Warschau gäbe"*.

Herr Minister, die Abhängigkeit der Gerichte in dieser Angelegenheit unterliegt keinem Zweifel! Offenkundig wird hier nur ein abgekartetes Spiel der zuständigen Organe betrieben, umso mehr, als im Jahr 1993, vor einer möglichen Einsichtnahme, die Archive mit dem Material über diese Verbrechen aus Schlesien ausgelagert wurden und in Warschau geheimgehalten werden. Meine schriftliche Bitte um den Zugang zu diesen Unterlagen beantworteten Sie abschlägig.

Herr Minister!

Ihr Ministerium stellt sich außerhalb der Rechtsordnung, indem es unzählige gesetzwidrige Aneignungen von Besitz legalisiert, auf Kosten von Personen, die in der Volksrepublik Polen unterdrückt wurden. Es werden in Namen der Rechtsordnung rechtswidrige Aneignungen von Vermögenswerten legalisiert, die unter Strafandrohung durch die UB und SB erpreßt wurden. Das betrifft insbesondere den Vermögensverzicht der aus Polen emigrierten Personen. Ein derartiges Vorgehen kennt man heutzutage nur aus Gemeinwesen, die keine Rechtsstaaten sind. Die Modifizierung des polnischen Rechts, in der man das Verjährungsrecht zehn Jahre abkürzt, stellt nicht nur ein Weltunikum dar, sondern ist ein eindeutiges Mittel, um neue Vermögensverhältnisse zu schaffen und das, was noch schlimmer ist, auf Kosten der Opfer des kommunistischen Regimes. Die Konsequenz, mit der hierbei die Justizorgane ihre Rechtspolitik betreiben, ist so gesehen, eindeutig und offenkundig.

Herr Minister!

In den Vernichtungslagern in Schlesien internierte und mordete man ebenfalls Kinder, die noch viel jünger als Anne Frank waren, sowie Greise. Diese Menschen wurde ohne irgendwelche rechtliche Grundlage verhaftet und ermordet. Warum vermag man in diesem Fall nicht den Spuren nachzugehen, nicht den Tatbestand anzuerkennen, der dem Verbrechen von Katyn gleicht, insbesondere, wenn es der polnischen Regierung gelungen ist, mit der russischen Regierung rechtliche Kriterien zu vereinbaren, die das Verbrechen von Katyn aufklären sollten. So müßten dieselben Kriterien auch für Verbrechen auf dem polnischen Territorium Gültigkeit haben.

Die oben genannten Verhältnisse, die mit einem Rechtsstaat unvereinbar sind, müssen einer objektiven Rechtsstaatlichkeit weichen.

Aus denselben trüben Quellen nährt sich aber auch das sonderbare Ethos des *"Kampfes gegen die reaktionären Banden"*, wie auch der Mythos der *"Gefährdung der Einheit des polnischen Territoriums"*. Diese Residien einer vergangenen Epoche leben noch in den Köpfen verschiedener Beamten Ihres Ministeriums. Mit derartigem Ballast kann es jedoch kaum gelingen, einem vereinigten und zivilisierten Europa beizutreten. Einen derartigen schmutzigen Ballast wünscht sich kein ehrlicher polnischer Bürger.

Es ist ein strafwürdiger Umstand, daß es im heutigen Justizwesen Polens noch Vertreter gibt, die es wagen, Methoden und Verfahrensweisen der verflossenen Epoche mit den Formen heutiger Rechtsprechung zu vergleichen und die bis heute unwidersprochen Urteile im Namen des polnischen Volkes fällen, und daß Sie, Herr Minister, diesen Zustand tolerieren.

Dorothea Boreczek

(Mit 13 Jahren Häftling des Lagers *Zgoda* und anderer Gefängnisse in Kattowitz.)

Amtsgericht Ludwigsburg

	Geschäftsnummer	Tel.-Nebenstelle	Datum
	7 Gs 379/94	07141 18 6070	17.01.1995
	Bitte immer angeben!		

Frau
Dorothea Boreczek
Stuttgarter Straße 89

71638 Ludwigsburg

Bitte bringen Sie diese Ladung und Ihren Personalausweis bzw. Reisepaß zum Termin mit!

Ladung zur Vernehmung als Zeugin / Zeuge am

Wochentag und Datum	Uhrzeit	Stock/Raum (E = Erdgeschoß)	im Gerichtsgebäude
Mittwoch, 15. Februar 1995	9.00	Zimmer 102 I. Stock	Schorndorfer Str.39

Zur:
- [ ] Hauptverhandlung
- [ ] Berufungsverhandlung
- [x] Vernehmung

- [ ] im Strafverfahren gegen
- [ ] im Bußgeldverfahren gegen
- [ ] im Privatklageverfahren
- [x] im Ermittlungsverfahren gegen Salomon Morel

wegen Mord

Der Termin am _____ ist aufgehoben worden, so daß Sie zu diesem Zeitpunkt nicht zu kommen brauchen.

Sehr geehrte Frau Boreczek

Das Gericht wird Sie als Zeugin / Zeugen vernehmen. Kommen Sie deshalb bitte rechtzeitig zur Vernehmung.

Beachten Sie bitte folgendes:

Sie sind gesetzlich verpflichtet, zu dem genannten Termin zu erscheinen. Sofern Sie aus zwingenden Gründen nicht kommen können, teilen Sie bitte die Hinderungsgründe umgehend mit.

Nach den gesetzlichen Bestimmungen müssen Sie mit nachteiligen Folgen rechnen, wenn Sie zu dem genannten Termin nicht erscheinen und sich nicht rechtzeitig genügend entschuldigt haben, es sei denn, Sie legen glaubhaft dar, daß Sie ohne Ihr Verschulden nicht in der Lage waren, sich rechtzeitig zu entschuldigen. Auch wenn Sie sich entschuldigt haben, sind Sie zum Erscheinen verpflichtet, soweit Sie keine gegenteilige Nachricht vom Gericht erhalten. Im Fall des unentschuldigten Nichterscheinens werden Ihnen die Kosten auferlegt, die durch Ihr Ausbleiben verursacht sind. Zugleich muß gegen Sie ein Ordnungsgeld bis zu 1000 DM für den Fall, daß es nicht beigetrieben werden kann, Ordnungshaft bis zu sechs Wochen festgesetzt werden. Darüber hinaus kann Ihre zwangsweise Vorführung angeordnet werden.

Teilen Sie bitte eine etwaige Änderung Ihrer Anschrift sofort mit, damit Sie jederzeit erreichbar bleiben.

Wegen des Ersatzes Ihrer Auslagen und Ihres Verdienstausfalles bitten wir Sie, die Hinweise auf der Rückseite zu beachten.

Hochachtungsvoll
Auf Anordnung

Die Zeugin/Der Zeuge wurde um _____ Uhr entlassen
- Sie / Er ist bestimmungsgemäß zu entschädigen. -

(2) Bericht von Günter Wollny aus Bochum – Akte Nr. 16.

Am 28. April 1945 – ich war damals 16 Jahre alt, wurde ich von mit Pistolen bewaffneten Polen verhaftet und in die Gustav Freytagstraße, wo der Sitz der polnischen Geheimpolizei war, eingeliefert. Nach dem Verhör wurde ich in einen dortigen Keller geführt. Am Abend kamen vier polnische Blutschergen, – und auf den Befehl "die Neuen vortreten", trat ich vor. Zwei Polen bearbeiteten mich mit Reitpeitschen, und nachdem ich zusammengebrochen war, wurde ich mit Wasser begossen, und sie fingen wieder von neuem an, mich zu schlagen. Ich war nicht mehr in der Lage, einen Ton von mir zu geben. Um die Schreie der von ihnen gequälten Menschen zu übertönen, ließen die Polen bei ihren Mißhandlungen regelmäßig Plattenspieler laufen. Nachdem sie mich erledigt hatten, wurde ich blutüberströmt auf eine Holzpritsche gelegt. Die ganze Nacht über dauerten die Vernehmungen, sie wurden von Schlägen und ausgesuchten Quälereien begleitet. Schon am nächsten Tat kam ich in das Untersuchungsgefängnis nach Kattowitz. Hier tagte das sogenannte polnische Schnellgericht. Die Verhandlung begann in polnischer Sprache, ich verstand kein Wort. Nach den ersten Schlägen begann das Verhör mit den Worten: "Du deutsches Schwein, wie heißt du?" Nach den Personalangaben kam die Beschuldigung, ich wäre HJ-Bannführer gewesen. Auf meinen Hinweis, ich wäre erst 16 Jahre alt und viel zu jung für einen Bannführer, wurde ich von allen Seiten mit Reitpeitschen geschlagen. Nachher mußte ich noch das Protokoll unterschreiben, was ich unterschrieben habe, weiß ich nicht, denn es war in polnischer Sprache abgefaßt.

Am 2. Mai kamen die polnischen Bluthunde mit Listen. Bevor wir losmarschierten, zwangen uns die Polen SA-Mützen, Parteiabzeichen und SA-Dolche auf. In diesem Aufzug wurden wir durch Kattowitz geführt. Der polnische Pöbel bewarf uns mit Steinen und wer nicht mitkam, wurde mit Peitschenhieben und Kolbenschlägen angetrieben. Da wir nichts zu essen bekamen, blieben die meisten vor Schwäche liegen. Die Szenen, die sich da abspielten, waren nicht zu beschreiben. Es war der 2. Mai 1945, als wir das Lager Zgoda erreichten. Vom Nachmittag, die ganze Nacht bis zum nächsten Morgen mußten wir stehen, ohne uns rühren zu dürfen. Zunächst kam ich in Block Nr. 7, auch "Braune Baracke" genannt, weitere Verlegung dann in Saal Nr. 1. In diesem Raum waren 15 Jungen im Alter von 15 bis 17 Jahren. Auch

Beinamputierte waren dabei, die nur an Krücken gehen konnten. Diese Gehstöcke wurden aber von den Polen den Gehbehinderten fortgenommen und an uns zerschlagen. Ein polnischer Bandit trat jedem von uns auf den Rücken mit seinen genagelten Stiefeln, nachher nahm er einen Eichenschemel und mit aller Kraft schlug er jeden Gefangenen ins Kreuz, solange, bis der Schemel in Stücke ging. Schon in der ersten Nacht lernten wir die Elite der polnischen Lagermörder kennen, an erster Stelle den Lagerkommandanten Morel. Unser Blockältester Marek war der größte Bluthund nach dem Kommandanten, andere Gefangene erkannten ihn, weil er noch Kapo in einem deutschen KZ gewesen war. Wenn die Banditen unseren Saal betraten, mußten wir "Heil Hitler" rufen, dann das "Deutschlandlied" und die "Fahne hoch" singen. Dabei schlugen sie, um den Takt zu halten, mit Gummiknüppeln auf unsere Köpfe. Dann nahm sich der polnische Lagerkommandant Morel jeden persönlich vor. Jeder Einzelne wurde von ihm zusammengeschlagen. Die Mitgefangenen erzählten uns, daß die Polen viele ihrer Opfer an den Händen und Füßen festhielten und mit dem Kopf gegen die Wand gestoßen hätten, bis der Tod eingetreten war. Jeden Tag ersannen die Polen neue Folterungen. So wurden Pyramiden gebaut. Einer der Gefangenen mußte sich mit dem Gesicht auf dem Fußboden legen, der zweite auf ihn und so fort, bis 20 Mann übereinander lagen. Von oben herab wurde dann geschlagen. Durch die Schwere der Menschen war der zu unterste liegende bereits erdrückt, als die Reihe an ihn kam. In unserer Baracke war ein 15jähriger Junge, Wolfgang Schmidt aus Gleiwitz. Ein Denunziant beschuldigte seinen Vater Parteimitglied gewesen zu sein. Daraufhin wurde der Junge im Beisein seines Vater so lange mißhandelt, bis der Vater entgegen der Wahrheit zugab, Parteimitglied gewesen zu sein. Dann wurde der Junge in unseren Saal zurückgeschickt, er war vollständig mit Blut besudelt. Seinem Stammeln konnten wir entnehmen, daß die polnischen Schweine den Vater vor seinen Augen tot geschlagen hatten. Einem anderen Gefangenen wurde mit einem Schlagring eine Gesichtshälfte aufgerissen, zentimeterweise wuchs ihm das wilde Fleisch aus der Wunde, ärztliche Hilfe gab es hierbei auch nicht. Einem Jungen gelang es zu fliehen, aber nach drei Tagen brachte man ihn wieder zurück. Den ganzen Tag mußte er auf Kieselsteinen knien. Am Nachmittag kam Morel mit einer Dirne. Er fragte das ehrlose Weib, was mit dem Jungen geschehen soll. "Das deutsche Schwein soll kre-

pieren", war die Antwort des verwahrlosten Weibes. Abends nach dem
Appell kamen fünf Polen. Mit Eisenstangen, Knüppeln und Krücken
wurde der Junge bearbeitet. Acht Mann mußten ihn halten, ihn, einen
unterernährten Jungen von knapp 16 Jahren. Zum Schluß stand dieser junge deutsche Gefangene völlig apathisch da, ohne noch auf die
Schläge zu achten. Zuletzt war er nur noch eine formlose Fleischmas-
se. Zahlreich waren die Selbstmordversuche unter den Gefangenen.
An meinen 17. Geburtstag bekam ich Schläge in die Magengegend,
anschließend mußte ich mich aufs Bett legen und wurde so lange geschlagen, bis ich versprach, polnisch zu lernen. Die Kinder der polnischen Wachmannschaften durften jederzeit zu uns ins Lager, um uns
zu schlagen und zu bespucken. Wie das Vieh schlugen sie uns, auch
ältere Gefangene – Lümmel von 9 Jahren. Ein Fall ist mir noch in besonderer Erinnerung. Eines Tages bekamen wir einen polnischen Pro-
fessor ins Lager, mit Namen Morawietz. Er hatte Äußerungen getan,
die mit der Auffassung des neuen polnischen Regimes nicht übereinstimmten. Früher war er ein paar Jahre in einem deutschen KZ-Lager
gewesen. Nach zwei Tagen war der Mann bereits von seiner Auffassung geheilt, daß es in Zgoda nicht schlimmer sei, als in einem deutschen KZ. Jetzt sagte er: "Lieber 10 Jahre in einem deutschen KZ-Lager, als einen Tag im polnischen." So bestialisch hat der Deutsche
nicht gehandelt. Wer sich bei ihm nicht aufgelehnt, sondern gearbeitet hat, bekam auch seine Ruhe. Zu Essen gab es nur eine dünne Wassersuppe und für die Zeit von 24 Stunden eine Schnitte klebriges Brot.
Den 600 Mann standen 63 verrostete Konservenbüchsen zur Verfügung. Glücklich waren wir, wenn wir neben der Latrine einige verfaul-
te Kartoffeln und Mohrrüben fanden, die wir am Fenster getrocknet
hatten. Mit keinem durften wir sprechen. Nicht genug, daß wir von
den Polen geschlagen wurde, quälten uns noch des Nachts Wanzen,
Flöhe und Läuse, das Ungeziefer fraß uns bei lebendigen Leibe auf.
In Zgoda sind die meisten Menschen erschlagen worden. Gesund kam
kaum jemand aus dem Lager heraus. Es verging keine Nacht, in der
nicht einige Insassen tot geschlagen wurden. Ich gehöre auch zu den
Geschädigten, denn ich kam mit einer Magensenkung, zerrütteten
Nerven, angeschlagenen Nieren und anderen Verletzungen aus dem
Lager heraus, so daß ich heute mit jungen Jahren ein halber Krüppel
bin. Wegen meiner deutschen Sprache wurde ich bald wieder aus der
Arbeit entlassen. Jahr für Jahr werden Ausstellungen veranstaltet, wel-

che die Greueltaten der Deutschen in den KZ-Lagern zeigen. In Deutschland aber geschieht nichts dergleichen, im Gegenteil, man spricht und schreibt ebenfalls nur von deutschen Untaten.

In Polen war man schlauer. Dort hat man die Massengräber von Lamsdorf, Zgoda usw. einfach eingeebnet - und die Sache war erledigt.

Zwei Unterschriften

Originalunterlagen archiviert bei der *Landsmannschaft der Oberschlesier* in Ratingen.

(3) Bericht von Eric van Calsteren.

Ich, Eric van Calsteren, wurde am 13.9.1930 in Den Haag als Sohn einer Gleiwitzerin geboren, standesamtlich als holländischer Staatsangehöriger eingetragen, auch wenn mein späterer Wohnsitz in Gleiwitz (Oberschlesien) war.

Im Alter von vierzehneinhalb Jahren wurde ich nach meiner Verhaftung zunächst in einen Keller gesperrt, wo einige Männer der "Miliz" mich brutal zusammenschlugen. Anschließend brachte man mich ohne eine Erklärung nach dem Polizeipräsidium in der Friedrichstraße, wo ich bei der Vernehmung weitere Prügel empfing. Bald danach ging es in einem Sammelmarsch nach dem Lager Zgoda, wo ich und die anderen Gefangenen erneut als "Begrüßung" die Bekanntschaft mit dem Knüppel machten und dann in die berühmte Baracke Nr. 7 eingewiesen wurden, dabei glaubend, in Ruhe gelassen zu werden, – jedoch das war ein Irrtum. Daselbst empfingen uns die Wachmannschaften mit Faustschlägen und Fußtritten und auf ein Kommando wurden sofort zwei Häftlinge über einen Tisch gezogen, – worauf ein Bewacher einen großen schweren Holzschemel nahm und mit der Sitzfläche voll auf den Rücken des Häftlings einschlug. Das tat er nicht nur einmal, sondern mindestens 10 mal. So kam jeder von unserer Gruppe an die Reihe, sogar ein gewisser Herr Schneider, der nur ein Bein hatte. Man schlug ihn sogar mit seinen eigenen Krücken, und zwar so heftig, daß die Krücke beim ersten Schlag zerbrach und die eine Hälfte bis auf das Dach der Baracke sprang. Beim Morgenappell lag dieser bedauernswerte Mann regungslos auf der Pritsche – unser erster Toter!

In dem Barackenblock Nr. 7 waren alle "vogelfrei" und jeder Pole konnte mit uns tun was er wollte. Die sehr schlechte und minderwertige Verpflegung und das viele Ungeziefer machte unseren Aufenthalt noch zusätzlich zur Hölle. Die Masse der Häftlinge waren durch die Foltermethoden und die karge Ernährung derart geschwächt, daß man das Wort "lebende Leichen" verwenden konnte. Der Leichenschuppen wurde immer voller und jeden Morgen konnte man sich davon überzeugen, wie die an der Latrine zusammengeschlagenen Männer ihrem Ende entgegensahen!

Ich wollte überleben und versteckte mich des Nachts in der stinkenden Latrine, mischte mich des Morgens in das Arbeitskommando, welches in der Eintrachtgrube eingesetzt wurde und daselbst gelang mir die Flucht, versteckte mich in der Wohnung meiner Tante und ließ meine Mutter warnen, sofort zu verschwinden. Sie lehnte es aber mit der Begründung ab, "sie wäre eine unschuldige Frau und unbescholten". Prompt wurde meine Mutter am nächsten Tag verhaftet und aufgefordert, meinen Verbleib ausfindig zu machen, mich freiwillig zu stellen, was ich auch tat, wobei die Verhaftung meiner Mutter rückgängig gemacht wurde. So meldete ich mich am Hauptzollamt in Gleiwitz, wo durch Zufall der Lagerkommandant mich in Empfang nahm. Auf dem Lastwagen transportiert, erreichte ich wieder das mir bekannte Lager, wurde daselbst meiner guten Kleidung beraubt und bekam alte Klamotten von Toten, mußte anschließend auf scharfen Kieselsteinen knien und erst zum Abendappell durfte ich aufstehen. Mitten in der Nacht kam das schon erwartete "Überfallkommando" und diese Bewacher waren schon informiert, daß ich geflüchtet war. So bekam ich erstmal Faustschläge in die Magengrube und als ich mich vor Schmerzen bückte, weitere Schläge ins Genick, und als ich diese Tortur nicht mehr ertragen konnte, floh ich in den Zwischenraum der Betten. Darauf packten mich die Bewacher, schleuderten mich zu Boden und mit einer Eisenstange auf meine Beine schlagend, solange, bis ich keinen Laut mehr von mir gab. Erst dann zogen die "Helden" ab. Die Kumpels legten mich auf die Pritsche und nach zwei Stunden erschienen die "Schläger" vor meiner Schlafstatt, fragend, wie es mir geht. "Er liegt im Sterben", sagten die Kumpels, worauf sie abzogen. Der Lagerarzt ließ mich vor dem Frühappell noch abholen, versorgte mit Klopapier meine Wunden und sagte zu mir, daß ich es nur meiner Ju-

gend zu verdanken hätte, überlebt zu haben. Jeden Morgen mußte ich das Klopapier von den Beinen abwickeln, um hunderte von Läusen zu knacken, und es kam dazu, daß meine Beine voll vereitert waren und rot wie Feuer aussahen. In diesem improvisierten Baracken-Lazarett gab es keine richtigen Kranken, sondern nur kaputtgeschlagene Menschen, die die ganze Nacht vor Schmerzen stöhnten. Da es jeden Tag Tote gab, war das schon ganz normal geworden! Sie starben überall, im Waschraum, auf der Toilette, im und neben dem Bett − man stieg buchstäblich über die Toten. Man krepierte einfach wie ein Tier.

Eines Tages, ich erinnere mich noch, es war Anfang Juli, als der Leiter des Begräbniskommandos erschien, meinen Namen rief und mich sofort stellte. Er gab mir eine Kanne mit Essen und ein wenig Tabak, welches meine Tante ihm übergab, und so mußte ich mein Ehrenwort geben, nicht mehr zu fliehen. Meine Aufgabe war nun, die Leichen aus dem Schuppen auf eine Pferdefuhre zu laden und so zogen wir den Wagen bis zum Friedhof, wo die Leichen in einem Massengrab begraben wurden. Gegen 10.30 Uhr kamen dann die Angehörigen der Häftlinge. Sie durften sich nur am Zaun des Friedhofes aufhalten, wo auch meine Mutter und meine Tante standen, die mich mit Essen versorgten. Nur Frauen waren zugegen, viele Fragen wurden gestellt, und da es sich herumsprach, nur Kontakt mit dem Leiter des Begräbnis-Kommandos zu suchen, der das Geschäft seines Lebens gemacht hatte und nur mit Wodka, Gold oder Schmuck zu kaufen bzw. zu bestechen war. Den Wodka konsumierte er sofort und so mußten wir einige Stunden warten, bis er einigermaßen wieder nüchtern war, um den Marsch zurück ins Lager anzutreten, wobei er sich schwankenden Schrittes an der Fuhre festhielt.

Bei einem Aufenthalt an der Latrine, die fast immer voll war, sah man nur Skelette nebeneinander sitzen, viele starben gleich auf dem Klo, − dort wurde uns das "Gruseln" beigebracht! Ich weiß noch gut, wie fremd und komisch ich es fand, Frauen begraben zu müssen, bei dem ich ein sehr bedrückendes Gefühl bekam. Bei einem unserer Begräbnisse tauchte plötzlich M. [Morel] mit seinem gelben DKW auf, er hatte ein "Flintenweib" bei sich und sagte lächelnd zu mir: "So, Kamerad, lebst du noch?" Er faßte sie an den Schultern und verschwand.

Die Mißhandlungen nahmen erst ein Ende, als ein neu hinzugekommener Blockführer, der die gesamte Aufsicht hatte, zwar streng war, *aber keinem Häftling ein Leid angetan hatte. Eines Tages erschien eine Kommission, jeder Häftling mußte erscheinen und die ersten Entlassungen wurden vorgenommen, so auch die meine. Nochmal mußte ich meinen Lebenslauf erzählen, so legte ich die mir durch meine Mutter ausgehändigten Duplikat-Papiere vor, gab mir dann die Freiheit wieder, die ich so ersehnt hatte. Diesen Tag, den 17.10.1945 werde ich nie vergessen. Vor Aushändigung des Entlassungsscheins mußte ich unterschreiben, nichts gehört oder gesehen zu haben!*

Ich beuge zutiefst mein Haupt vor den tapferen Frauen in und außerhalb des Lagers, denen ich begegnet bin!

Unterschrift:
E.L.F. van Calsteren
Rijswijk, 9.11.92

Pr. Beatrixlaan 625
2284 AX Rijswik - Holland

Dieser Bericht konnte, wie auch viele andere aufgeführte Erlebnisberichte, nur in gestraffter Fassung aufgezeichnet werden. Er ist vom Verfasser geschrieben worden und im Auftrag seiner noch lebenden Gattin zum Gedächtnis des am 16.2.1993 an Herzschlag Verstorbenen unter dem Titel: *"Vermächtnis eines Toten"* dem regionalen Untersuchungsausschuß zugesandt worden. Weitere Details können dem *Gleiwitzer-Beuthener-Tarnowitzer Heimatblatt*, Ausgabe März/April 1994, Bottrop, Gerichtstr. 20, entnommen werden.

(4) Bericht von A. H. aus Ziemnice-Male.

Der Marsch in die Hölle begann, zuerst in die Markthalle von Schwientochlowitz. Dort wurde mir bewußt, was auf mich wartete. Unschuldige Menschen wurden vor allem in der Nacht zusammengeprügelt. Die Schmerzensschreie habe ich noch heute in den Ohren. Dann ging es in das Barackenlager. Der Weg zur Freiheit war mit den Leichen bedeckten Rollwagen. Mit mir war ein Häftling aus Oswiencim. Er war als Deutscher bei der Zentrumspartei und sagte: Oswiencim (Auschwitz) war Gold [im Vergleich zu dem] was er hier erleben mußte. Das ekeligste, was ich erleben mußte, und an die Erinnerung, so wird mir heute noch schlecht, war das Problem mit dem Durchfall, denn es wa-

ren ja meistens ältere Landsleute und der Weg zur Latrine war in der Nacht erschwert. Jemand hatte ein Karbidfaß kombiniert, und mit den Zähnen mußten wir die Scheiße heraustragen. Von wegen mit den Händen anfassen, da gab's Schläge, und so mußte ich das mit dem Mund machen.

Es gab keine Menschlichkeit.

Unterschrift.

Originalunterlagen archiviert bei der *Landsmannschaft der Oberschlesier* in Ratingen.

(5) Bericht von Sophie Swientek aus Göttingen.

Meine Mutter ist im Lager Zgoda zu Tode gekommen, obwohl sie erst 49 Jahre alt war. Die Menschen wurden dort regelrecht vergiftet, denn meine Tante hatte immer die Kolonnen von Frauen, die täglich prügelnd [unter Prügeln] *zur Arbeit außerhalb des Lagers mußten, beobachtet, um mit meiner Mutter Kontakt aufzunehmen. Eines Tages entdeckte meine Mutter ihre Schwester, aber sprechen durften sie nicht miteinander, beide wurden mit groben Stöcken geprügelt! Bei einem solchen "Treff" hatte meine Mutter ganz schnell der Tante ein kleines Fläschchen mit Zettel in die Hand gedrückt, darin stand, das ist unsere tägliche Nahrung, laß es prüfen, es stinkt und wir werden alle krank und winden uns vor Krämpfen und Durchfall. Die Tante öffnete die Flasche und ihr wurde vom Gestank schon schlecht, geschweige* [daß sie wagte] *es zu trinken, nur Flüssigkeit, gelbbraun die Farbe. Meine Mutter war im Gesicht und den sichtbaren Teilen an Unterarmen und Beinen total blau geschlagen, alles blutunterlaufene Stellen, man mußte ihr das Rückgrat verletzt haben, bei den Schlägen ging sie total krumm und konnte sich nicht mehr aufrichten.*

So sah die Tante meine Mutter nur noch einmal, dann nicht mehr! Die Tante suchte dann überall Totengräber aus, weil sie annahm, daß sie doch im Kirchenbuch aufgeführt sein müßte. So erfuhr sie vom Totengräber, daß auf dem Friedhof ganz in der Nähe des verfluchten Lagers ein Massengrab errichtet wurde, dafür steht der Name meiner Mutter auch auf der Totenliste. Der Friedhof wurde später gewechselt,

denn der Pfarrer verbat es sich, daß solche Verbrecher auf den Fried-
hof, der geweiht ist, kamen!

Eine Frau, die das Grab ihres Mannes auch pflegen wollte, erzählte
mir, man riß den Leichen die Kleider ab, die Körper purzelten ganz
nackt in das Loch, bzw. das Massengrab, und bediente sich von Mist-
gabeln, mit denen sie die Leichen aufpickten, so bestialisch ging man
mit den Menschen um, die nur Deutsche waren!

Unterschrift

Originalunterlagen archiviert bei der *Landsmannschaft der Oberschlesier*
in Ratingen.

(6) Bericht von M. U. aus Kattowitz – Akte Nr. 16.

Am 7.2.1945 wurde ich von den Polen festgenommen und in das alte
Pfarrhaus in die Grünstraße gebracht. Immer wenn die Tür der Zelle
aufging, bekamen wir Schläge. In der Einmann-Zelle hatten wir einen
Mitgefangenen, der sich alle zwei Stunden melden mußte, um von den
Polen geprügelt zu werden. Wir hörten sein Schreien in einer Nach-
barzelle, es wurde immer leiser, bis es ganz aufhörte. Ich hörte, wie
ein Pole zum anderen sagte: "Der ist gleich fertig." – Der Gefangene
kam nicht mehr zurück. Da gegen mich nichts vorlag, wurde ich am
25.2.1945 entlassen. Aber schon am 27.2.1945 wurde ich von den Po-
len erneut aus der Wohnung geholt. Zunächst ging es zur Polizei in
die Prinz-Heinrich-Straße, danach in die Baracken in der Schloßstra-
ße. Da wurden viele von den Polen mißhandelt. Am Nachmittag mar-
schierten wir in die Markthalle in Schwientochlowitz. Die Markthalle
war mit 3.000 bis 3.500 belegt. Tagelang blieben wir ohne Verpfle-
gung, wir aßen Rüben, die dort lagen, doch dies war auch verboten.
Viele unserer Mitgefangenen bewegten sich nur mit Hilfe von Geh-
stöcken oder Krücken, es waren meistens Kriegsverletzte. Alles, was
wir in den Taschen hatten, mußte in Hüte gelegt werden, fand man bei
einem Gegenstände, so erhielt er von den Polen schwerste Schläge. Wir
mußten uns gegenseitig ins Gesicht schlagen, aber ich war davon be-
freit, weil ich an beiden Händen verletzt war. Mit mir war ein sech-
zehnjähriger Junge mit Namen Erich Badura. Sein Vater war in Mys-

lowitz von den Polen ermordet worden, obwohl er sich nie um Politik gekümmert hatte. Das Essen, welches die Angehörigen den Gefangenen brachten, wurde regelmäßig von den Polen durchwühlt. Hierbei soll vor allem Fleisch verschwunden sein.

Ein Mitgefangener, Dr. Glombitza, hat sich daran beteiligt. Er stellte nur den Tod der Gefangenen fest, welche sich selbst das leben genommen hatten oder von den Polen erschlagen wurden! Nach seinen Feststellungen waren alle an Herzschlag verstorben. Medikamente gab es nicht. Die besoffenen Polen, die auch den Kriegsverletzten die Krücken abnahmen, schlugen auf uns ein, was ihnen in die Hände fiel, Teile von Böcken, Latten, Bretter und Knüppel. In einer anderen Nacht mußten sich die Gefangenen mit dem Gesicht nach unten auf den Fußboden legen und die Polen sprangen auf sie herum. Eines Tages kam ein Transport Gefangener. Der bewachende Pole spielte mit seinem Gewehr, ein Schuß löste sich und ein Gefangener erhielt einen Bauchschuß, an dem er bald verstarb. Ein anderer Gefangener, der geflohen war, wurde ohne Verfahren erschossen. Am 20.4.1945 ging es nach Zgoda. Da gingen die Mißhandlungen weiter. Der Kommandant hieß "Morel". Keiner durfte von den Gefangenen erfahren, wer noch lebte. Viele Gefangene sind in Zgoda kaputt gegangen. Im Lager waren auch 400-600 Frauen und Kinder. Krankheiten stellten sich ein, Ruhr und Typhus. In einer Nacht gab es 108 Tote! An jedem Morgen wurden die Verstorbenen vor die Baracken gelegt. Ich selbst wurde im September 1945 von Flecktyphus befallen und lag 15 Tage lang ohne Besinnung. In das Lager Zgoda kamen auch Deutsche aus Bielitz und Leobschütz. Die Bielitzer waren innerhalb von 14 Tagen völlig ausgerottet. Am 18. Oktober wurde ich entlassen, es handelte sich um Leute über 60 Jahre. Auch zwei katholische Geistliche wurden eingeliefert, man nahm ihnen die Kleider ab.

Originalunterlagen archiviert bei der *Landsmannschaft der Oberschlesier* in Ratingen.

(7) Bericht in Akte Nr. 463/91.

Auf dem Weg nach meiner Heimatstadt Pleß, wir waren zu viert, mein Mann und ich und der fürstliche Kammerdiener Lorek mit seiner Frau, wurden [wir] durch eine polnische Streife zur Wache geführt. Nach-

dem sie ihm zwei goldene Uhren, Ringe und Kette gestohlen hatten und geohrfeigt hatten, wurden wir zu dem Amt UB – Unzad Bespieczenstwa (Staatlicher Sicherheitsdienst) – geführt. Eine elegant gekleidete Polin führte Protokoll. Mit Stößen und Flüchen forderte uns ein polnischer Offizier (Mongolentyp) auf, alle Sachen abzugeben. Ich hatte meinen wertvollen Schmuck, den ich in einem Brustbeutel bei mir trug, in all der Angst und Aufregung vergessen abzugeben. Als dieser Offizier nun das Bändchen bemerkte, riß er mir den Brustbeutel heraus und ich erhielt mehrere Schläge mit dem Gummiknüppel, so daß ich mehrere Wochen lang grün und blau unterlaufene Stellen hatte. Den Schmuck im Werte von mehreren tausend Mark nahm die protokollführende Polin an sich. Nachdem man uns aber auch alles abgenommen hatte, führte man uns in eine Zelle ins Gefängnis, wo neben einer Unmenge von Ungeziefer durch einen Eimer, da keine Möglichkeit bestand, diesen zu leeren, ein fürchterlicher Gestank sich verbreitete. Nächsten Tag wurden wir nach Bielitz, der nächsten Kreisstadt, transportiert. Der Weg war grausam. Die Miliz trieb uns mit Gewehrkolben an und mein Mann, der wegen seiner Kurzatmigkeit nicht so schnell laufen konnte, bekam die meisten Schläge, weil er immer zurück blieb. In Bielitz wurden wir zur dortigen UB in der Mühlenstraße geführt. Wir standen stundenlang und hörten die Schreie der Menschen, die bei der Vernehmung von den Polen mißhandelt wurden. Nach dem Verhör kam mein Mann zu mir und war bereits blau von den Schlägen, die er erhalten hatte. Mein Mann war nicht in der NSDAP, was die Polen ihm nicht glaubten. Er hatte ganz dick geschwollene Hände und sah nach den nächtlichen Mißhandlungen grauenvoll aus. Zu Essen gab es drei Tage nichts. Als wir dann durch die Stadt getrieben wurden und ein Mann aus der Kolonne zur Seite sprang, um der Straßenbahn auszuweichen, wurde [er] auf offener Straße von den Wachmannschaften erschossen! Mir wurde gesagt, daß im Keller der Mühlenstraße einige Männer zurückgeblieben wären, die infolge der Mißhandlungen nicht mehr transportfähig waren. Als ich nach einigen Monaten entlassen wurde, habe ich erst von Augenzeugen erfahren, daß mein Mann von den Polen so grausam mißhandelt worden war, daß er am dritten Tag bereits nicht mehr lebte.

Dieser Augenzeuge war ein entlassener Soldat, der, wie viele andere, durch die UB geschleust und entlassen wurde, da er die Volksliste Nr. 3 hatte. Er hatte alles mit angesehen, wie satanisch die Polen über ih-

re Opfer hergefallen sind. Meinem Mann hatten sie alle Zähne ausge-
schlagen, und er ist von ihnen gewürgt worden. Diesem Augenzeugen
war es selbst nach Monaten unmöglich, über diese Mißhandlungen zu
sprechen, da es ihm selbst als Mann zu grauenvoll war. Nach zehn Ta-
gen kam ich nach dem Lager Zgoda. Uns Frauen wurden auf Befehl
des Kommandanten die Haare völlig abgeschnitten. Ich erkrankte sehr
bald und konnte nicht zur Arbeit gehen. Es starben täglich 60-80 Men-
schen, so mußten auch drei- bis viermal täglich der von den Gefange-
nen gezogene Arbeitswagen Richtung zum Friedhof. Trotz der Über-
füllung kamen täglich Transporte mit Männern, welche die Polen Tag
und Nacht im Hofe stehen ließen, sie verhörten und mißhandelten und
sie zur Arbeit in die Gruben abtransportierten. Von da kam keiner
mehr wieder. Ich selbst erkrankte an Typhus, ohne Betreuung und
ärztliche Hilfe. Viele Frauen bekamen Geschwüre, die infolge vor-
handenen Ungeziefers und der furchtbaren Zustände voller Würmer
waren. Ich lag mehrere Tage besinnungslos und, als ich wieder erwach-
te, war im Saale nur noch ein Zehntel der Frauen anwesend. Im Novem-
ber wurde das Lager Zgoda aufgelöst und wir kamen in das KZ-Lager
Jaworzno bei Myslowitz. In den Baracken befanden sich auch Frauen
mit Kindern. Eines Tages hatten die Polen die Kinder weggenommen,
– es war ein erschütterndes Erlebnis, als die Mütter nach den Kindern
und die Kinder nach ihren Müttern schrien.

Am 9. Januar 1946 wurde ich entlassen.

Unterschrift

Originalunterlagen archiviert bei der *Landsmannschaft der Oberschlesier*
in Ratingen.

(8) Bericht von Frau J. aus Pleß:

Nach einem Verhör, welches 10 Tage dauerte, wurde ich dann in das
Lager Zgoda transportiert. Stundenlang standen wir auf dem Hof, bis
wir in einen großen Raum mit dreistöckigen Holzgestellen einge-
wiesen wurden. Uns Frauen wurden auf Befehl des Kommandanten
die Haare völlig abgeschnitten, manche jungen Mädchen weigerten
sich, darunter auch Künstlerinnen, jedoch als sie mit vorgehaltenem
Revolver herangeholt wurden, erfolgte diese Prozedur. Als im Juni

die Typhusepedemie ausbrach, starben täglich 60-80 Menschen. Drei-bis viermal täglich fuhr der Arbeitswagen, der von Gefangenen gezogen wurde, zu dem Friedhof. Es kamen trotz der Überfüllung der Baracken täglich Transporte. Man mißhandelte sie und transportierte sie zu den Gruben zur Arbeit. Von da kam keiner mehr wieder. Auch ich erkrankte an Typhus, lag mehrere Tage besinnungslos auf einem Lager, und als ich wieder erwachte, war im Saal nur noch ein Zehntel der Frauen. Viele Frauen bekamen Geschwüre, die voller Würmer waren. Ärztliche Betreuung gab es nicht. Die Sachen, die ich nicht am Leibe trug, waren sämtlich gestohlen. Es waren auch Bürger unserer Stadt, von denen ich bis heute nichts wieder gehört habe. Im November 1945 wurde das Lager Zgoda aufgelöst, und wir wurden nach dem KZ-Lager Jaworzno transportiert. In einer der Baracken befanden sich Frauen mit Kindern, die man auf ihrer Rückreise von Österreich über Galizien nach Berlin in Neu-Sandez festgenommen hatte. Eines Tages hat man ihnen die Kinder weggenommen, es war ein erschütterndes Erlebnis, als die Mütter nach den Kindern und die Kinder nach den Müttern schrien.

Zitiert aus: *Die Vertreibung der deutschen Bevölkerung aus den Gebieten östlich der Oder-Neiße*, herausgegeben vom ehem. Ministerium für Vertriebene, Flüchtlinge und Kriegsgeschädigte, Band 2, Weltbild-Verlag, Augsburg 1992, S. 323.

Originalunterlagen archiviert bei der *Landsmannschaft der Oberschlesier* in Ratingen.

(9) Bericht von J. R. aus Bielitz – Akte Nr. 16.

Meine Eltern und ich [Mädchen] *wurden am 14.6.1945 verhaftet. Von der polnischen Miliz wurde uns alles genommen. Nach dem Verhör, welches ein gewisser Adamczyk aus Bielitz leitete, wurden wir in einen Keller in Laurahütte transportiert und dann nach drei Tagen in das Lager Zgoda. Täglich wurden ein bis zwei Fuhren mit Leichen aus dem Lager herausgefahren. Das grausame Bild, wie die Leichen nackt auf die Wagen geworfen wurden, werde ich nie vergessen. Auf dem Friedhof durften sie nicht beerdigt werden, sie wurden irgendwo im Walde verscharrt. Die schlimmste Strafe war, wenn die Polen Was-*

ser auf die Köpfe der Gefangenen tropfen ließen. Viele sind auf diese Weise ohnmächtig geworden und ertrunken. In den nachfolgenden Tagen starben Frau Kupietz (Drogerie), Frau Thulo und Herr Laszczok. Nach etwa 2 Wochen mußten wir Frauen und Mädchen im Lager Liblionz arbeiten, so im Kanalausputzen, wo im jauchigen Wasser die Würmer nur so wimmelten. Wer auch nur zögerte, wurde von den Polen erbarmungslos geschlagen. In diesem Lager brach auch der Fleck-Typhus aus, an dem Frau Gurski starb. Immer mehr Lagerinsassen starben und wir Mädchen mußten sie begraben. Manchmal zwei Mal am Tage mußten wir den Karren zum entfernten Friedhof schieben. Die Gräben schachteten wir selbst aus. Viele meiner Bekannten starben. In einer eiskalten November-Nacht, plötzlich Appell und schon kamen die besoffenen Polen angestürzt, schlugen mit Knüppeln auf uns wehrlose Frauen und Mädchen und jagten uns im Hemd in den Hof hinaus. Wer nicht mit konnte, bekam Fußtritte. Solche Stunden waren im polnischen Lager etwas alltägliches.

Originalunterlagen archiviert bei der *Landsmannschaft der Oberschlesier* in Ratingen.

(10) Bericht in Akte Nr. 16 – 467/115.

Ich wurde Ende Februar 1945 durch die polnische Miliz in Bielitz verhaftet. Nach zwei Wochen ging es im Sammeltransport nach Zgoda. Da ich erst 15 Jahre alt war, [wurde ich] durch eine Amnestie für Jugendliche im Oktober 1945 bei völliger Entkräftung, am ganzen Körper geschwollen und heruntergekommen, entlassen. Die ersten Wochen und Monate im Lager Zgoda waren mehr als unmenschlich. Wir Jugendlichen, angeblich HJ-Verbrecher, waren sämtlich in Block 7 für Politische untergebracht. Der durch seine Rachegelüste berüchtigte Kommandant Morel kam fast allnächtlich und hat oft im betrunkenen Zustand mit seinen polnischen Horden reiche Ernte gehalten. Seine beliebtesten Folterwerkzeuge waren damals die schweren Buchenholzhocker, mit denen er wahllos auf die wehrlosen unschuldigen Opfer einschlug. Ich habe mit eigenen Augen gesehen, wie der Genannte auf diese Weise so manchen Mitgefangenen erschlagen hat. In einer Frostnacht im März 1945 mußten sämtliche Jugendliche völlig nackt antre-

ten, zu den Waschräumen marschieren, wo eiskaltes Wasser auf unsere geschundenen Körper man laufen ließ. Im Eiltempo wurden wir dann in die Baracke gescheucht, wo bereits bewaffnete Henkersknechte an den Türen standen und mit Ochsenziemern und Gummiknüppeln auf uns einschlugen. Besonders markante Folternächte waren Hitlers Geburtstag und das Kriegsende, und die Folgen der Orgien waren für uns mehr als katastrophal. Es gab nicht einmal Verbandmaterial, viel weniger Salben und Medikamente. Als Todesursachen wurden jeweils Herzschlag bzw. Lungenentzündung von den Polen angegeben, ganz gleich, auf welche Weise der Häftling umgekommen war. Durch eine infolge Mißhandlungen aufgetretene Phlegmose habe ich meinen Zeigefinger verloren (abgefault). Weitere Andenken: ein geplatztes Trommelfell, eingeschlagenes Nasenbein.

Nach sechswöchiger Haft verstarb auch mein Vater infolge erlittener Quälereien und Typhus.

Unterschrift

Originalunterlagen archiviert bei der *Landsmannschaft der Oberschlesier* in Ratingen.

(11) Bericht von Werner M. aus Kiel.

Ich wurde von den Polen in das Lager Zgoda transportiert. In der "Braunen Baracke" waren schon 300 Mann eingesperrt. Daselbst wurde ich schwer mißhandelt mit Stockschlägen und Tritten, so daß ich fast eine Woche Hilfe brauchte, um zur Toilette zu gehen. Mitte Oktober 1945 kamen wir nach Jaworzno und am 15.1.1946 wurden wir in einen Zug gesteckt und beendeten diese Reise am 19.1.1946 in Frankfurt/Oder.

Es waren 1.500 Mann, bzw. auch Frauen. Über 50 Personen haben die Fahrt nicht überlebt.

Diesen Bericht kann ich vor jeder Kommission wiederholen und eidesstattlich bezeugen.

Im Lager Zgoda habe ich mehrere Bekannte verloren.

Unterschrift

Originalunterlagen archiviert bei der *Landsmannschaft der Oberschlesier* in Ratingen.

(12) Bericht von P. M. aus Z.

Auf dem Heimweg aus der Gefangenschaft wurden ich und vier Kameraden in ein Haus geführt, welches die Bezeichnung "Silesia" hatte. Des Abends kam einer mit dem Gummiknüppel, forderte uns auf, das "Vater unser" in polnischer Sprache zu beten, und wer nicht in polnischer Sprache betete, dem wurde mit dem Gummiknüppel nachgeholfen. Auf der Wendeltreppe begegnete ich dem Kameraden Glombig, dessen Kopf blutig geschlagen war.

Aus dem Nebenzimmer hörte ich, wie der andere Kamerad Czennen mit den Worten "Jesus-Maria" stöhnte. Sie leben nicht mehr.

Ich wurde geschlagen, getreten und weiter versuchte man meine Figer zwischen die Türen zu quetschen und Wasser in Nase und Ohren zu spritzen.

Zwei Wochen konnte ich nicht auf dem Rücken liegen. Dann wurden wir in das Lager Zgoda geschafft. Der schlimmste Block war Nr. 7. Dort ließen sie die Hunde auf die Häftlinge los. Zur Toilette durften wir nur zu 10 Mann marschieren. Dort blieben sehr viele liegen. Die Leichen wurden fuhrenweise weggeschafft.

Unterschrift

Originalunterlagen archiviert bei der *Landsmannschaft der Oberschlesier* in Ratingen.

(13) Bericht von Berthold Adolf aus Seele.

Mein Vater verstarb bereits am 10.8.1954 an den Folgen der erlittenen Schäden. Zur Zeit der Vertreibung war ich erst 14 Jahre alt. Vater erzählte, daß die Zustände im Lager Schwientochlowitz schrecklich waren. Die Baracken waren total überbelegt, immer zwei bis drei Mann mußten auf einer Pritsche schlafen.

Des Nachts Appelle mit Prügel und Erschießungen – und dann der Typhus. Und wenn man die Latrine benutzen mußte (anders konnte man sie nicht bezeichnen), mußte er oft einen Toten herausziehen, der durch die Krankheit und Hunger dort verstorben war. Die Leichen wurden nackt auf Lastwagen in Massengräber gefahren.

Vater hatte uns verboten, über diese Dinge zu sprechen, damit es die Angehörigen der Verstorbenen nicht erfahren sollten. Daß diese skrupellosen Kreaturen überhaupt jemals ruhig schlafen konnten, ist mir ein Rätsel. Aber solche Menschen haben wohl kein Gewissen. Schlimm ist nur, daß diese Dinge von der deutschen Öffentlichkeit nicht zur Kenntnis genommen werden!

Unterschrift

Originalunterlagen archiviert bei der *Landsmannschaft der Oberschlesier* in Ratingen.

(14) Bericht in Akte Nr. 16 – 473/174.

Am 27.2.1945 früh um 7.00 Uhr wurde ich in meiner Wohnung von den Polen verhaftet und durch zwei Milizsoldaten zu deren Unterkunft gebracht. Hier wurden mir und vielen hunderten von Deutschen sämtliche Ausweispapiere abgenommen, dann wurden wir auf dem Hof gesammelt und bewacht. Als wir 2.000 Mann waren, wurden wir um 14.00 Uhr in Marsch gesetzt in Richtung Schwientochlowitz. Hier kamen wir am Abend in die berüchtigte Markthalle von Schwientochlowitz, wo nach einer blutigen Bartholomäusnacht 18 unserer Kameraden von den Polen erschlagen wurden.

Unter Drohung mit Erschießen mußten alle ihre Uhren und Ketten, Füllfederhalter, Scheren und Messer abgeben. Die Kleidungsstücke wurden uns von den Polen vom Leibe gerissen und die Stiefel ausgezogen. Die Sachen wurden auf Fuhrwerke verpackt und die Uhren in Koffern von den Banditen in Sicherheit gebracht.

Am nächsten Tag, es war der 28. Februar, ging es weiter in das Lager Zgoda (Eintrachtshütte). Ich kam mit 50 Mann in die kleine Baracke Nr. 7, genannt "Das deutsche Haus". Gleich vom ersten Tage an wurden wir einer unmenschlichen Tortur unterzogen. Und das wieder-

holte sich jeden Tag von 19-22 Uhr und in der Nacht um 1 Uhr bis 3 Uhr morgens. Nachdem die Polen Abendbrot gegessen hatten und anständig Courage besaßen, stürzten sie sich wie wilde Bestien in unsere Baracke und mißhandelten uns auf die gemeinste und brutalste Weise. Sie wollten uns systematisch aushungern und gaben uns zum ersten Mal erst am 9. März ganze 100 g. Brot, mit dem wir 10 Tage ausreichen mußten. Am 8. März, wie immer um 19.00 Uhr, kam eine besoffene Horde polnischer Banditen und zwei Flintenweiber in unsere Stube und begannen uns zu jagen und zu schlagen. Wie immer, kam ich als erster dran. Ich mußte mich über einen Schemel legen und bekam mit einem eichenen Knüppel 25 Schläge aufs Gesäß und anschließend 30 Schläge auf die Hände. Nach dieser Prozedur fielen alle Polen über mich her und schlugen mit dem Eichenknüppel und Gummiknüppeln auf meinen Kopf und traten mir mit ihren Stiefeln in den Unterleib, bis ich zusammenbrach. Noch im Liegen haben sie mir mit den Stiefeln den Hinterkopf aufgeschlagen und auf den Unterleib getreten.

Originalunterlagen archiviert bei der Landsmannschaft der Oberschlesier in Ratingen.

(15) Bericht von J. M. aus Rybnik.

Ich war damals Ambulanzhelfer. Um die Hemmungslosigkeit zu verdeutlichen, mit der in dieser Nacht Milizangehörige vorgingen, sei angemerkt, daß meines Wissens zum ersten Mal bei der Folterung die Eisenstange eingesetzt wurde, die zum Tragen der großen Essenskübel verwendet wurde. Ich höre noch das flehentliche Bitten von Eric van Calsteren, erschießt mich doch! Mein Schwiegervater Owald Szubert war auch verhaftet worden und wurde im Arbeitslager Zgoda eingesetzt. Er wurde in einer Nacht geschlagen und geknüppelt, am nächsten Tag lebte er nicht mehr! Das weiß ich von ehemaligen Häftlingen. Todesbescheinigung vom 8.8.1945, Nr. 1052/64.

Unterschrift

Originalunterlagen archiviert bei der *Landsmannschaft der Oberschlesier* in Ratingen.

(16) Bericht in Akte 475/188 – über Erwin Leder.

Nach dem Einmarsch der "Roten Armee" wurde mein Vater Anfang Februar 1945 von der polnischen Miliz verhaftet. Er war Ingenieur und Betriebsleiter bei der Firma Elevator. Er kam in das Lager Zgoda und ist dort infolge der Mißhandlungen am 23.4.1945 verstorben.

Wie zu erfahren war, hat sich Vater, weil er sich zu schwach fühlte, nicht zu den Außenarbeiten gemeldet und ist im Lager verblieben. Die Polen hatten daselbst Prügelkommandos eingerichtet und ihm dabei die Nieren abgeschlagen. In der Nacht, als mein Vater verhaftet wurde, haben die Polen ca. 2.000 deutsche Männer in Kattowitz verhaftet.

In der amtlichen Sterbeurkunde der Polen haben sie bewußt das Geburtsdatum gefälscht. Vater war nämlich 1945 - 61 Jahre alt, und die Urkunde weist ein Alter von 50 Jahren auf.

Unterschrift

Originalunterlagen archiviert bei der Landsmannschaft der Oberschlesier in Ratingen.

(17) Bericht von Wiktor Kupka aus Haltern.

Meine Aufzeichnungen entnahm ich aus Gesprächen mit meiner Ehefrau.

Anfang April 1945 wurden mein Vater und mein Bruder Paul von den Polen verhaftet. Vater Wiktor Kupka mußte auf der "Deutschlandgrube" unter Aufsicht arbeiten und ist 1948 aus dem Lager Jaworzno entlassen worden.

Paul Kupka war am Körper grün und blau unterlaufen, durch die dortigen Greueltaten und anderen Krankheiten, die er sich selbst zugezogen hatte. Er verstarb im September 1971.

Unterschrift

Originalunterlagen archiviert bei der *Landsmannschaft der Oberschlesier* in Ratingen.

(18) Bericht von Horst D. aus Duisburg.

Vor Jahren hörte ich bei einem Oberschlesiertreffen in Essen, daß mein Vater zuletzt nur noch blutunterlaufene Stellen hatte. Das berichteten mir Lagerinsassen aus Zgoda. Er ist am 4.8.1945 daselbst umgekommen.

Abschließend möchte ich noch anmerken, daß mein Vater nicht in der NSDAP war.

Unterschrift

Originalunterlagen archiviert bei der *Landsmannschaft der Oberschlesier* in Ratingen.

(19) Bericht von Max Ogorek aus Spiessen-Elversberg.

Als Nicht-Parteigenosse verblieb ich in meiner Heimat mit meiner Frau und vier kleinen Kindern. Die Polen ließen ihre Wut nicht nur an Parteigenossen aus, sondern alles, was deutsch war, sollte vernichtet werden. Ich hatte früher nicht geglaubt, daß unschuldige Menschen derart mißhandelt, ja, sogar zu Tode gequält werden können, so wie es der Lagerkommandant von Zgoda, Morell, mit seinem Helfershelfer Skutella und anderen waren. Die gehören genau so vor Gericht, wie die Nazi-Kommandanten von Auschwitz, Mauthausen, Sachsenhausen usw. Auf meinem Heimweg [von] der Arbeitsstätte Carsten-Zentrum Grube wurde ich am 11.2.1945 in Beuthen verhaftet. Einsperrung in einen Raum, der früher das Barackenlager der Gauverwaltung der DAF in Beuthen war. Meine Dienstbescheinigung, die sogar von einem russischen Oberst unterschrieben war, wurde ich sofort los. Anschließend ging es in die Cleophas-Grube, wo wir die ganze Nacht hindurch unmenschlich geprügelt wurden und unserer guten Bekleidung beraubt. Mit verschwollenen blutigen Gesichtern wurde wir am nächsten Tag in die Markthalle nach Schwientochlowitz geführt, welches zunächst das Sammellager war. Was sich da an Unmenschlichkeiten und grausamem Treiben ereignet hatte, läßt sich kaum beschreiben. Schon hier wütete der Lagerkommandant Morell mit seinen Schergen. Täglich kam er mit seinem betrunkenen Stab, die blindlings in die Menge schossen, wild mit der Hundepeitsche und Gummiknüppeln auf uns wehrlose Opfer einschlugen, suchten sich dann einige heraus, die außerhalb der Halle erschossen wurden. Viele machten selbst mit ihrem Leben ein Ende, sei es durch Öffnen der Pulsadern oder Erhängen in der Abort-Anlage. Der Sadismus und das Tyrannisieren wollte nicht enden. Ich sehe noch einen Bergwerks-Inspektor, der einen Spitzbart trug und aufgefordert wurde, einem anderen Spitzbartträger die Barthaare auszureißen, und das in Gegenseitigkeit, begleitet durch Schläge mit der Hundepeitsche, bis zur Bewußtlosigkeit angetrieben wurden. Prothesenträger und Beinverletzte mußten über Böcke von Verkaufsständen springen, bis sie liegen blieben. Wie wir später erfahren hatten, konnte die in der Umgebung der Markthalle wohnende Bevölkerung das Schreien der Gefolterten nicht mehr anhören. Erneute Verlegung, in das Lager Zgoda, welches nicht weit von der Ortschaft war. Dort war die Hölle los. Eine Erlösung ist es nur für kurze Zeit gewesen, wenn man das Glück hatte, einem Arbeitskommando zugeteilt zu werden. Da hatte man eventuell die Gelegenheit, den Angehörigen ein Lebenszeichen zu geben oder etwas Essen zu erhalten. Daß das Lager Zgoda nur auf die Vernichtung und Ausrottung bestimmt war, ist unverkennbar gewesen. Ganz abgesehen davon, daß man kaum etwas zu Essen erhielt, so war man durch die Mißhandlungen und Qualen derart entkräftigt, daß nach einigen Tagen das Massensterben eintrat. Täglich wurden 35-40 Leichen auf ein Fuhrwerk geladen und hinter dem Lager verscharrt. Der Hunger trieb uns so weit, daß wir aus den Küchenabfällen des früheren Judenlagers Kartoffelschalen heraussuchten, aus den Heringstonnen die zu Eis gefrorene Lauge entnahmen und daraus Suppe bereiteten. In der Nacht erschien der Lager-Kommandant Morell mit seinen Komplizen. Wir wurden derart verprügelt, daß wir daran unser ganzes Leben denken werden. Eines Tages waren wir in die Eintrachtshütte abkommandiert, um für die Russen Maschinen zu demontieren. Von Bekannten erhielten mein Kamerad Franke und ich heimlich Eßwaren zugesteckt. In der Nacht erschien in unserer Baracke der Lagerkommandant Morell mit seinen Komplizen, wir wurden aufgerufen und derart verprügelt, daß wir auch daran das ganze Leben denken werden. Schläge mit der Hundepeitsche und dem Gummiknüppel prasselten auf uns nieder, dabei wurden dem Kameraden Franke die Zähne herausgeschlagen, mir das Nasenbein gebrochen und sämtliche Zehennägel blau geschlagen, die al-

le später abfielen. Dies nur, weil wir Kontakt mit der Bevölkerung hatten. Ein weiterer Leidenskamerad mit dem Namen Rother aus der Ortschaft Domb verlor auf dem Lagerplatz einen Zettel mit der Benachrichtigung seines Aufenthaltes, der für seine Angehörigen bestimmt war. Ein Wachmann fand den Zettel, Rother wurde auf dem Appellplatz vor den angetretenen Lagerinsassen mit 50 Ochsenziemerschlägen auf den blanken Hintern verprügelt. Den nächsten Morgen hat er natürlich nicht überlebt. Fast täglich wurden Stubenappelle durchgeführt, mit dem Gesicht mußten wir uns auf den Betonfußboden legen und mit Stiefeln wurde auf uns herumgetreten. Nach kurzer Zeit waren von den ersten 3.000 Insassen über 1.200 nicht mehr am Leben.

Ich entsinne mich noch an die im Lager verstorbenen Herren, das sind: Kindler und Woitzig aus Kattowitz, Max Bayer aus Hindenburg und Obersteiger Ender aus Beuthen. Pfarrer Dr. Eggert, der mein Stubenkamerad war, möchte ich auch noch nennen, er hatte das Lager nicht mehr lebend verlassen.

Ich hoffe, daß auch einmal alle Verbrecher auf der Anklagebank sitzen werden und ihre gerechte Strafe erhalten.

Originalunterlagen archiviert bei der *Landsmannschaft der Oberschlesier* in Ratingen.

(20) Bericht von A. C. aus Hindenburg – Akte Nr. 16.

Bei der Heimkehr von der Front wurde ich als Wehrmachtsentlassener in Dziedzitz von der polnischen Miliz verhaftet. In einem Keller des Bahnhofsgebäudes wurde ich ohne jeden Grund mit Fäusten ins Gesicht und mehrere Male mit Krückstöcken über den Schädel geschlagen. Zynisch sagten sie, das wäre die erste Begrüßung. Nächste Station ein Keller in Bielitz, Wegnahme aller Habseligkeiten. Im Treppenaufgang standen auf beiden Seiten polnische Untermenschen, schlugen mit Gewehrkolben und Gummiknüppeln auf uns ein, ein geradezu mörderisches Spießrutenlaufen. Im Hof mußten wir dann antreten und das Deutschland-Lied singen. Bevor noch das Lied verklungen war, stürzten sie sich über uns her, bis ein Teil der Gefangenen tot liegen blieb. Der überlebende Rest wurde unter den gleichen Mißhandlungen in den Keller zurückgetrieben. Im Vorkeller war der Platz für die Toten, welche von den Polen draußen oder im Keller ermordet wurden. Von Bielitz ging es dann in das Lager Zgoda. Was sich in den folgenden Nächten abspielte, ist kaum zu schildern. Hier schlugen die Polen viele deutsche Gefangene wie Vieh einfach tot. Ihre Mordlust kannte keine Grenzen. So konnte schon der nächste Augenblick die eigene Sterbeurkunde sein. Wir wußten nun, daß sie uns restlos vernichten wollten, ihr Sadismus und das Tyrannisieren wollte nicht enden. Erst nach zehn Tagen unvorstellbarer Grausamkeiten ging es in die Carsten-Grube nach Beuthen, um zu arbeiten. Wer nicht mehr die Kraft hatte, durchzuhalten, [dem] gaben sie einfach den Genickschuß.

Die Mißhandlungen setzten sich dann auf der Grube fort und das mit ihren Keilhacken bei karger Verpflegung. Kaum noch ein Funke Leben war noch in uns. Bei Abbau der Kohle hatte ich durch stürzende Steinmassen eine schwere Verletzung. Der große Zeh war gebrochen und die Fußsohle bis auf den Knochen zerfetzt. Eine ärztliche Behandlung gab es nicht in Zgoda. Die Läuse und Wanzen fraßen mich fast auf. Der Zustand meines Fußes verschlimmerte sich so sehr, daß ich im Krankenhaus in Königshütte untergebracht wurde, und durch diesen Unfall der Arbeitsunfähigkeit wurde meine Verpflegung erheblich gekürzt. Kaum etwas gebessert, mußte ich wieder ins Lager zurück. Wieder wurde ich so geschlagen, daß ich besinnungslos liegen blieb. Schwarz und blau geschlagene Stellen bedeckten meinen Körper. An diesen Verletzungen der Hand leide ich noch heute und wird wohl nie zu beheben sein. Mein weiterer Arbeitsplatz war die Carstengrube in Beuthen. Wieder Verhöre mit der Anschuldigung, ich hätte einen Polen ermordet. Sofort stürzten sich die Bestien auf mich mit Schlägen des Gewehrkolbens. Erneute Versetzung in das Lager Jaworzno. Am 15.1.1946 wurde ich endlich aus dieser polnischen Hölle entlassen. Unter Druck verpflichtete ich mich, über alles zu schweigen, was ich in diesem Vernichtungslager gesehen und durchgemacht hatte. Von dieser Verpflichtung aber fühle ich mich entbunden, weil mich polnische Mörder und Verbrecher erpreßten.

Nur verhältnismäßig wenige Gefangene kehrten zurück. Unter den Ermordeten befand sich auch mein Schwiegervater. Bei meinen Schilderungen habe ich mich nur an Tatsachen gehalten. Weitere Einzelhei-

ten habe ich in der Fülle des Materials wegen nicht gebracht. Möge der Menschheit einmal die wahre Versöhnung beschieden sein.

Originalunterlagen archiviert bei der *Landsmannschaft der Oberschlesier* in Ratingen.

(21) Bericht von J. K. aus Kattowitz – Akte Nr. 16.

Die Verhaftungswelle, die von den Polen im Februar 1945 begann, traf auch mich. Zunächst wurde ich in eine Gefängniszelle geführt. Gleichen Tages wurden wir in die Cleophas-Grube zum Verladen von Steinkohle befohlen. Nach getaner Arbeit ging es wieder ins Gefängnis. Von da aus zum Polizeipräsidium in Kattowitz. Durch Überfüllung der Zellen und nach Appellen in einem Feuerwehr-Depot und zwischenzeitlich wieder in Baracken bei Hohenlohe, dann endgültiger Abmarsch in die "Markthalle" nach Schwientochlowitz. Diese Markthalle beherbergte bereits so viele Menschen, wie unser Transport stark war, insgesamt 2.000 Mann. Die Halle blieb die ganze Nacht ohne Licht und man kann sich vorstellen, mit welchem Sadismus die aufsichtsführenden und ständig betrunkenen Polen über die armen ermatteten Menschen herfielen. Vorn, an der Stirnseite der Halle, war ein Podium errichtet, auf dem einzelne willkürlich aus der Masse herausgeholte Gefangene unmenschlichen Torturen unterzogen und oft totgeschlagen wurden. Wer von den Polen nicht totgeschlagen wurde, der erlebte die schlimmsten Höllenqualen. Viele nahmen sich aus Verzweiflung das Leben durch Erhängen oder Aufschneiden der Pulsadern. Ich hörte am Morgen, den 28. Februar 1945, daß in der Halle 6 Gefangene durch Selbstmord geendet hatten. Schätzungsweise 1.200 Gefangene kamen in die berüchtigten Baracken nach Zgoda. Alle Gegenstände, die wir bei uns trugen, wurden abgenommen. In regelmäßigen Abständen (der Pole bevorzugte die Nacht für seine Untaten), erschienen "Kommissionen", darunter auch polnische Flintenweiber, nahmen sich mit einem Gummiknüppel oder einem Stock nach Gutdünken jemanden vor und schlugen ihn. Alle Mißhandelten hatten am nächsten Tag fingerdicke Striemen und in kurzer Zeit waren sie Leichen. Auch hinsichtlich der Verpflegung, bestehend aus einer Kelle warmen Wassers, in der vielleicht zehn Rübenschnitzel herumschwam-

men, so bewirkte dieses "Festessen" eine Abmagerung bis zum Skelett. Die Folgen blieben nicht aus. Abtransport der Leichen mit einem Pferdefuhrwerk unter schwerer Bewaffnung der Polen in Richtung Friedhof, wo sie in ein riesiges Grab hinein geworfen wurden. Es mögen hier mehrere hundert Tote ihre letzte Ruhestätte gefunden haben. Die von Verstorbenen abgenommenen Kleidungsstücke wurden von den polnischen Bewachern auf dem Schwarzmarkt in Kattowitz versilbert und von ihnen in Wodka umgesetzt. Auch Frauen waren im Lager, es mögen an die 400 gewesen sein. Sie wurden in der gleichen Weise mißhandelt wie die Männer. Schlecht erging es allerdings jenen Leuten, welche aus entfernten Gebieten stammten, denn sie erhielten keinen Zuschuß und wurden nach kurzer Zeit Opfer der planmäßigen Vernichtung mit Hilfe des Hungers. Im Mai 1945 hatte wir die Möglichkeit, in der Königsgrube-Nordfeld zu arbeiten. Wer geflohen war und wieder eingebracht wurde, erhielt 50 Schläge aufs Gesäß mit dem Gummiknüppel und noch andere Strafen. Im Sommer 1945 brach im Vernichtungslager Zgoda eine Epidemie aus, sie forderte täglich mindestens 75 Todesopfer. Am 16. Februar 1946 wurde ich entlassen. Aus allen während meiner Haft gemachten Erfahrungen geht hervor, daß es sich in allen politischen Lagern in erster Linie darum gehandelt hat, deutsche Menschen zu vernichten und sie erst an zweiter Stelle als Arbeitstiere einzuspannen.

Originalunterlagen archiviert bei der *Landsmannschaft der Oberschlesier in Ratingen.*

(22) Bericht von E. K. aus Königshütte – Akte Nr. 16.

Als 17jähriger Junge wurde er am 1.4.1945 auf der Straße von den Polen verhaftet und unter Schlägen und Mißhandlungen in das damalige Finanzamt in Königshütte geschleppt und eingesperrt. Nach 17tägiger Haft dann in das Vernichtungslager Zgoda abtransportiert. In diesem Lager ging es schrecklich zu. Auf Befehl des polnischen Lagerkommandanten Morell wurden an den dort untergebrachten deutschen Gefangenem die schlimmsten Schikanen ausgeübt. Als tägliches Essen eine Wassersuppe (selten gab es eine Scheibe Brot), so brachen die Menschen vor Schwäche zusammen. Sobald dies geschah, wurden sie durch Stöße und Fußtritte seitens der Polen wieder ins Leben zurückgerufen. Gelang dies nicht, wurden die Landsleute ohne ärztliche Untersuchung entkleidet und auf einen Haufen geworfen. Später kamen die unbekleideten Leichen auf einen Wagen und wurden irgendwo verscharrt. Im Lager war alles darauf ausgerichtet, alle Deutschen zu vernichten. Am 23.5.1945 wurde mein Sohn nach der Deutschland-Grube zur Arbeit abgestellt. Nach Beendigung der Arbeit ging es wieder ins Lager zurück. Hier begannen die höllischen Stunden von neuem. Meine Frau erreichte einen Freilassungsbescheid und mit Freude und Tränen in den Augen lief sie zum polnischen Lagerleiter Morell, um den Sohn abzuholen. Doch sie wurde von den Polen zum Lagerkommandanten nicht vorgelassen. Man nahm ihr die Freilassungsanordnung ab, jagte sie mit Hunden davon, mit dem Bemerken, der Junge wäre nicht mehr im Lager. Ehe meine Frau erfuhr, mein Sohn wäre im Lager Jaworzno, ließ sie sich eine zweite Verfügung ausfertigen und eilte nach Jaworzno. Daselbst war er nicht. Nach Monaten traf ein Schreiben eines Krankenhauses aus Krakau ein, es stünde mit meinem Sohn sehr schlecht und ein Besuch wäre genehmigt worden. Da meine Frau einen Nervenzusammenbruch bekam, fuhr meine Tochter hin. Da er in einer Seuchenbaracke untergebracht war, konnte sie ihn nur durch ein Fenster sehen. Ohne die Augen zu öffnen, lag er da wie ein Toter, kein Wort konnte sie mit ihm sprechen. Wieder nach einem Monat erhielt meine Frau erneut ein Schreiben, daß sie ihren Sohn abholen könne. Er sah aus, wie eine lebende Leiche, er war rechtsseitig gelähmt, ohne Bewußtsein und konnte kein Wort sprechen. An dem ganzen Unglück traf allein die Schuld das polnische Vernichtungslager Zgoda mit seinem Lagerkommandanten Morell. Mit der Zeit hat sich der Gesundheitszustand soweit gebessert, daß er wieder allein, wenn auch nur schleppend, sich bewegen kann, jedoch er leidet weiterhin an Hirnkrämpfen und Wesensveränderungen. In der Bundesrepublik wurde er ärztlich untersucht mit der Feststellung, daß eine Heilbehandlung zu keiner Besserung führen könne. So bleibt er ein Krüppel zeit seines Lebens.

Originalunterlagen archiviert bei der *Landsmannschaft der Oberschlesier* in Ratingen.

(23) Bericht von Lydia Kozielski aus Wuppertal.

Mein Onkel Josef Stehr, Inhaber eines Friseurgeschäftes in Schwien-
tochlowitz, starb am 21.6.1945 im Lager Zgoda. Über seine Fest-
nahme im Februar 1945 weiß ich folgendes: Es waren 2 Männer mit
Gewehren über der Schulter in Zivilkleidung. Zunächst brachte man
ihn in die Markthalle. Das Essen, welches Familienangehörige brach-
ten, wurde in einen Kessel geschüttet. Später brachte man die Männer
in das Lager Zgoda. Damit war aber alles noch nicht ausgestanden.
Oma und Tante wurden grün und blau geschlagen. Einmal war ich
dabei, wie Oma, die 70 Jahre zählte, mit einem Gewehrkolben nieder-
geschlagen wurde. Einem russischen Offizier verdanke ich, daß er die
Plünderer aufspürte und ihnen den Garaus machte.

Unterschrift

Originalunterlagen archiviert bei der *Landsmannschaft der Oberschlesier*
in Ratingen.

(24) Bericht von Walter Freund – Gr. Kunzendorf.

Nach drei Tagen wurden wir auf zwei Bretterwagen nach Neiße ge-
fahren und in den Kellern der Koch-Marienstraße untergebracht. Am
10. Juli wurden wir hundert Mann nach dem Konzentrationslager
Zgoda gebracht. Die drei folgenden Wochen waren die schrecklich-
sten meines Lebens. Die Baracke war verseucht, 150 Mann "Boden-
personal", die überhaupt kein Bett hatten. Läuse und Wanzen zu Mil-
lionen. Die Unterernährung und das Ungeziefer bewirkten, daß Ty-
phus ausbrach. Fast jeden Tag fuhr ein großer Bretterwagen mit nack-
ten Toten hinaus. Das Lager faßte etwa 5.000 Mann. Kommandant
war ein gewisser "Morel". Ein Schweinehund ohnegleichen.

Zit. aus: *Die Vertreibung der deutschen Bevölkerung aus den Gebie-*
ten östlich der Oder-Neiße, herausgegeben vom ehemaligen *Ministe-*
rium für Vertriebene, Flüchtlinge und Kriegsgeschädigte, Bd. 2, Weltbild-Verlag 1992, S. 325.

(25) Bericht von P. F. aus Würselen.

Als Jugendlicher war ich von 1928-1935 Mitglied des deutschen ka-
tholischen Jung-Männer-Vereins St. Peter Paul in Kattowitz.
Vom 25.2.1945 bis 9.3.1946 war ich im politischen Lager Zgoda.
Während meiner Gefangenschaft arbeitete ich unentgeltlich in der Ze-
che Siemianowitz. Ich kann über Zgoda und die zwei Lager, die ich
vor Zgoda überlebt habe, nichts mehr berichten, weil es mir sehr
schwer fällt, über die Banditen was zu schreiben.

Unterschrift

Originalunterlagen archiviert bei der *Landsmannschaft der Oberschlesier*
in Ratingen.

(26) Akte 199 – 478, Fragebogen 3823 vom 13.9.1962.

Nachdem mein Mann drei Wochen nicht zur Arbeit geschickt worden
war und wir keine Gelegenheit hatten, ihm Essen zuzustecken, ist er
verhungert.
Das sagte uns der Verstorbene drei Wochen vor dem Tode, daß der La-
gerkommandant "Morel" den Ausspruch getan hatte: "Was die Deut-
schen in 5 Jahren nicht fertiggebracht haben, habe ich in fünf Mona-
ten geschafft."

Originale archiviert bei der *Landsmannschaft der Oberschlesier* in R.

(27) Bericht von Walter Augustin aus Hamburg.

Nach einer schweren Verwundung im Lazarett in Breslau wurde ich
am 20.6.1945 als arbeitsunfähig von den Russen entlassen. Bevor ich
meinen Heimatort Gleiwitz erreichen konnte, wurde ich auf offener
Straße von den Polen verhaftet und in das Lager Zgoda gebracht.
Dort traf ich zufällig meinen Vater Karl Augustin. Wir waren beide
bei unserer Verhaftung schwer mißhandelt worden. Mein Vater (Ei-
senbahner), weder Parteigenosse noch in irgendwelche NS-Verbre-

chen verstrickt, konnte sich leider nicht mehr erholen und starb am 13.9.1945 in Zgoda. Ich erinnere mich noch ganz gut an einen gewissen Herbert Czaja, er hatte einen verkrüppelten Arm, der in dieser Zeit in dem Lager eine Art "Ober-Kapo" spielte. Diese knapp drei Monate in Zgoda waren die schlimmsten während meiner Gefangenschaft. Bei der miserablen Verpflegung eine Verurteilung zum langsamen Sterben. Die oft betrunkenen Wachmannschaften holten den Brauerei-Direktor Weinersdorf in die Waschbaracke, wo die Prügel-Orgien weithin zu hören waren. Es war restlos erschöpft, als er in die Baracke zurückkam, blutig grün und blau am ganzen Körper geschlagen. Aus dem AL in Siemianowitz wurde ich entlassen.

Unterschrift

Originalunterlagen archiviert bei der *Landsmannschaft der Oberschlesier* in Ratingen.

(28) Bericht in Akte Nr. 16 – 476/195.

Am 28.1.1945 zogen die Russen, begleitet von polnischer Miliz in Kattowitz ein. Sie verhafteten meinen Vater. Einer der Polen sagte zu mir: "Der Vater kommt morgen wieder". Darauf warten wir noch heute. Ein paar Tage danach bekam ich heraus, daß die Männer in die Markthalle in Schwientochlowitz und nach Zgoda verschleppt wurden. Dort hatten die armen Gefangenen die Hölle. Sie werden ja aus vielen Berichten die Methoden der Polen schon kennengelernt haben. Obwohl ich selbst zur Zwangsarbeit verurteilt wurde, rannte ich zum Lager Zgoda. Der Miliziant nahm treu und brav das Essen ab und fraß es selber auf. Auf Umwegen erfuhr ich dann doch, daß das Leben meines Vaters am 20. April zu Ende war. Auf der Gemeinde Schwientochlowitz stellten sie uns einen Totenschein aus, ohne die Todesursache zu nennen. Im Mai 1945 hat uns so ein Gorol aus Warschau aus der Wohnung vertrieben. Frau Seliger hat sich leider, als sie nach der Ankunft in ihrer Heimatstadt Leipzig erfuhr, daß ihr Mann ebenfalls in einem Vernichtungslager verstorben war, das Leben genommen.

Unterschrift

Originalunterlagen archiviert bei der *Landsmannschaft der Oberschlesier* in Ratingen.

(29) Bericht von R. W. F. Bashford.

Noch mehr Tote, als auf den Vertreibungstransporten und in den polnischen Polizeigefängnissen, gab es in den Lagern.

Aus einem vertraulichen Bericht von R.W.F. Bashford an das Foreign Office vom Jahr 1945 geht hervor:

"Konzentrationslager sind nicht aufgehoben, sondern von den neuen Besitzern übernommen worden". Meistens werden sie von polnischer Miliz geleitet. In Swientochlowice (Oberschlesien) müssen Gefangenen, die nicht verhungern oder zu Tode geprügelt werden, Nacht für Nacht bis zum Hals im kalten Wasser stehen, bis sie sterben.

Zitiert aus: Heinz Nawratil, *Vertreibungsverbrechen an Deutschen*, Universitas Verlag, München 1986, S. 49.

(30) Bericht von Martha K. aus Kattowitz.

Mein Vater wurde wie auch andere Männer im Februar aus der Wohnung geschleppt und in die Markthalle nach Schwientochlowitz, anschließend in das Lager Zgoda abtransportiert. Meine Mutter und ich mußten ohne Bezahlung auf dem Flugplatz arbeiten. Auf dem Nachhauseweg Einweisung in einen Keller der UB. In der Nacht hörten wir Schreie der Männer, die geprügelt wurden. Eines Tages, nach einem Zählappell, in das Lager Zgoda geschafft. Wir wurden vom Kommandanten Morel empfangen. Ein Mann mit einer Hand, der hatte sich besonders unserer angenommen. Mit einem dünnen Riemen schlug es auf uns ein. Diese Schläge gab es täglich als "Extra-Überraschung", außerdem noch in der Nacht. Dieses Lager hatte den Namen "Arbeitslager", das stimmte leider nicht, es war ein Vernichtungslager. Das Essen war ungenießbar. Die Strohsäcke waren voller Läuse und Wanzen. Einmal war ich Zeuge, wie die Toten aus der Totenbaracke auf eine Plattform aufgeladen wurden, sie wurden wie Säcke auf den Wagen geworfen. Meine Mutter verstarb im Lager Zgoda am 15.10.1945. Im Lager gab es auch einen Bunker, dort ging nur 1 Mann rein. Er mußte im Wasser stehen, das war auch so eine Art von Strafe. Wo das Lager Zgoda war, sind heute Schrebergärten.

Originalunterlagen archiviert bei der *Landsmannschaft der Oberschlesier* in Ratingen.

(31) Bericht von J. B. aus Tarnowitz – Akte Nr. 16.

Am 20.5.1945 wurde ich von der polnischen Milz in Kottulin bei Tost gefangen genommen. In einem Keller wurden wir unter Foltern und Schlägen vernommen. Eine Woche lang schlugen uns die polnischen Banditen grün und blau in einer Weise, daß ich noch heute unter den Folgen zu leiden habe. Anschließend kamen wir nach Gleiwitz. Auch hier wurden die Verhöre fortgesetzt, wo wir mit Gummiknüppeln zusammengeschlagen wurden. Nach einer weiteren Woche kamen wir in das Vernichtungslager Zgoda. Dort blieb ich zwei Monate lang unter schwersten Schlägen und Mißhandlungen. Der Name eines Kapos ist mir aus dieser Zeit noch im Gedächtnis, er hieß Wilhelm Marek. Aus dem Vernichtungslager kam ich in das Arbeitslager Kohlengrube Krugschacht – Chorzow 3 – von den Polen "Kopalnia Präsident" genannt. Am 28.11.1946 wurde ich in das Durchgangslager Jaworzno eingewiesen und durch Gerichtsbeschluß am 30.11.1946 entlassen.

Originalunterlagen archiviert bei der *Landsmannschaft der Oberschlesier* in Ratingen.

(32) Bericht von G. S. aus Bismarckhütte – Akte Nr. 16.

Am 27. Februar 1945 wurde ich von den Polen verhaftet und mit anderen Deutschen in die Markthalle nach Schwientochlowitz gebracht. Infolge der schweren Mißhandlungen hatten wir in der ersten Nacht 12 Tote. Schon am nächsten Tag wurden wir mit etwa 1.000 Gefangenen in das KZ-Lager Zgoda abtransportiert. Die Zahl der Toten stieg von Tag zu Tag. Am 10. Mai waren es bereits 30 Tote täglich. Unzureichende und schlechte Verpflegung. Die Mißhandlungen gingen weiter. Mitte Mai wurde ich mit anderen Gefangenen nach dem Zwangsarbeitslager Kohlengrube Max in Michalkowitz abgestellt. Wieder Mißhandlungen und Schikanen jeder Art. Im Juli 1945 wurde ich von den Polen trotz eines Fieberstandes von 40 Grad derart zerschla-

gen, daß ich mit blauen und grünen Flecken bedeckt wart. *Man kann in ein paar Zeilen nicht alles schildern, was wir durchmachen mußten, – und so wurde jeder deutsche Häftling von den Polen behandelt. Durch 42 Monate Haft schwer erkrankt und arbeitsunfähig geworden, bekomme ich nur eine kleine Invalidenrente von 134,20 DM.*

Originalunterlagen archiviert bei der *Landsmannschaft der Oberschlesier* in Ratingen.

(33) Bericht von Agnes P. aus Rozmierka.

Am 3.5.1945 von den Polen verhaftet. In Groß-Strehlitz in dem Keller des Geschäftes Kirstein wurde er geschlagen. In dieser Zeit hatten wir auch die traurige Nachricht vom Tode meines 18jährigen Bruders erhalten. Die Tränen waren noch nicht trocken, als die Nachricht kam, der Vater ist auch tot. Hätten wir gewußt, daß mein Vater in Schwientochlowitz war, wären wir schon früher hingefahren. Er starb am 22. 7.1945. In der Zeit kamen Rollwagen mit den Toten, die in ein Massengrab kamen. Neben den Gräbern lagen Uniformen von deutschen Soldaten. Wenn die Leute aus den Fenstern guckten, wurde sofort geschossen.

Unterschrift

Originalunterlagen archiviert bei der *Landsmannschaft der Oberschlesier* in Ratingen.

(34) Bericht von Irene Sch. aus Syrynia:

Achtzehn Landsleute aus unserem Ort, alles unschuldige Menschen, die sich überhaupt politisch nicht engagiert hatten, wurden nach dem Arbeitslager Schwientochlowitz transportiert. Diese achtzehn Landsleute kehrten nach Syrynia nicht mehr zurück!

Unterschrift

Originalunterlagen archiviert bei der *Landsmannschaft der Oberschlesier* in Ratingen.

(35) Bericht über Franz Wahner aus Wesel.

Alle arbeitsfähigen Männer unseres Dorfes (Groß Kunzendorf) wurden nach der Kapitulation von den Russen abgeholt, verhört und nach einigen Tagen entlassen. Nach Übertragung der Verwaltung an die Polen wurden die deutschen Männer in das Lager Schwientochlowitz gebracht, wo sie bei völlig unzureichender miserabler Versorgung, Essen, Getränke, Kleidung, katastrophalen sanitären Verhältnissen und inhumaner Behandlung schwer arbeiteten. Ein Überleben war von der Lagerleitung nicht gewollt. Man darf es als Vernichtungslager nennen. Von der Poststelle in Birkendorf erhielten wir ein Telegramm ohne Unterschrift: "Der Untersuchungsgefangene Franz Wahner, geb. am 20.7.1890, ist am 3.11.1945 in Schwientochlowitz verstorben."

Unterschrift

Originalunterlagen archiviert bei der *Landsmannschaft der Oberschlesier* in Ratingen.

(36) Bericht aus der Akte Nr. 16 – 472/139: Rudolf L.

Mein verstorbener Mann, Rudolf L., wurde mit etlichen Arbeitskameraden in seiner Arbeitsstelle Falva-Hütte verhaftet, zunächst in die Markthalle Schwientochlowitz transportiert und nach einem Aufenthalt von 14 Tagen dann nach Zgoda. Obwohl ihm die Beine vor Schwäche versagten, Verlegung nach der Kohlengrube Fizinius-Schacht. Dort schon arbeitsunfähig geworden, zurück in das KZ-Lager Eintrachtshütte. Am 2.7.1945 ist er unter den erlittenen Torturen gestorben. Die Sterbeurkunde durfte ich mir am Landratsamt in Schwientochlowitz abholen.

Unterschrift

Originalunterlagen archiviert bei der *Landsmannschaft der Oberschlesier* in Ratingen.

(37) Bericht in Akte Nr. 462 – 74.

Am 21. Juni von der Miliz verhaftet. Verhör in Milizgefängnis in der Gustav-Freytag-Straße in Beuthen. Hier mußten wir Mißhandlungen

*über uns ergehen lassen. Nach einer Woche Verlegung nach Zgoda.
Von da aus Überstellung in das Lager Gräfin-Laura-Grube in Königshütte. Behandlung schlecht und unzureichend. Verhaftung meiner Mutter und in das Lager kop. Chorzow. Mit meinem Kameraden P. gelang
es uns zu fliehen.*

Unterschrift

Originalunterlagen archiviert bei der *Landsmannschaft der Oberschlesier*
in Ratingen.

(38) Bericht von Adelheit Poganietz aus Hamburg.

*Mein Ehemann Nikolaus Poganietz wurde am 20.2.1945 von Sicher-
heitsfunktionären verhaftet und in die Markthalle nach Schwientochlowitz gebracht. Nach 3 Wochen bekam ich durch einen Kollegen meines Mannes ein Kassiber: "Nach 3 Wochen das erste Brot, sonst nichts,
bloß Hunger." Der Lagerkommandant hieß "Morel" (ein Jude), trug
schwarze Ledersachen und eine Lederpeitsche. Von einem Häftling,
der die Verstorbenen begraben hatte, erhielt ich die Nachricht, daß
mein Ehemann verstorben war (63 Jahre und gesund). Die Verstorbenen wurden auf einem Lastwagen nackt transportiert und stapelweise
begraben. Im Auftrag meiner Mutter aufgeschrieben.*

Unterschrift
Margarete Szafran

Originalunterlagen archiviert bei der *Landsmannschaft der Oberschlesier*
in Ratingen.

(39) Bericht in Akte 474/180 – Nr. 6.

*Ich bekannte mich nach der Abtretung Oberschlesiens an Polen zum
deutschen Volkstum, war 15 Jahre Mitglied der christlichen Gewerk-
schaft und deshalb fünf Jahre arbeitslos. Im Juni 1945 wurde ich verhaftet. Zunächst in Untersuchungshaft im Herz-Jesu-Stift in Königshütte. Die Mißhandlungen waren furchtbar. Von dem Spießrutenlau-*

fen wurden die Schreie bis auf die Straße gehört. In Niwka war ich etwa ein Jahr im Arbeitslager. Wer vor Erschöpfung nicht mehr mitmachen konnte, bekam Kolbenhiebe, Fußtritte und starb unter furchtbaren Schmerzen. In den Lagern Zgoda und Jaworzno bin ich etwa 2 Monate gewesen. Im Dezember 1946 wurde ich entlassen. Wieder wie Verbrecher am 8.10.1948 nachts von der Miliz abgeholt und in das Lager Leobschütz zum Abtransport befördert. Von da aus kamen etwa 1.500 Personen in die sowjetisch besetzte Zone. Mir ist bekannt, daß das Großlager Zgoda sehr schlecht war. Selten hat einer die Mißhandlungen durch die Polen überstanden.

Über Lagerverstorbene kann ich leider nur folgende Angaben machen:

> *Kipka, Franz, etwa 65 Jahre alt, wohnhaft Königshütte, Hindenburg oder Ecke Kirchstraße*
> *Slowik (Essenzfabrikant) aus Königshütte, Gartenstraße 29*
> *Eckert, Martin, geb. 1905 aus Königshütte, Kurze Straße*
> *Kruppa, Martin, geb. 1905, starb im Gefängnis, sein Wohnsitz Königshütte, Gartenstraße 25*
> *Barczok, in der Hütte tätig, aus Königshütte, Roonstraße 18, starb nach schweren Mißhandlungen 1945 auf der Fahrt nach Rußland.*

Unterschrift

Originalunterlagen archiviert bei der *Landsmannschaft der Oberschlesier* in Ratingen.

(40) Bericht von V. K. aus Schwientochlowitz, Akte Nr. 16.

Aus einem Brief eines ehemaligen Häftlings an die Hinterbliebenen eines von den Polen in *Zgoda* ermordeten Gefangenen:

„Am 18.3.1945 wurden wir verhaftet. Ich bekam 45 Schläge mit dem Gummiknüppel und noch 20 mit einem Ochsenziemer auf den nackten Körper, von vier polnischen Bestien. Die Schläge mußte ich laut mitzählen. Dann kamen noch die üblichen Fußtritte und Magenstöße, sowie Schläge mit dem Gummiknüppel mitten ins Gesicht. Am 21.3.1945 kamen wir ins Lager Zgoda. Hier warteten die Polen bereits auf uns

Opfer, und es ging auch sofort los. Fußtritte, Magenstöße und wieder Schläge ins Gesicht mit dem Gummiknüppel. Es begann dann die zweite Runde. Fünf polnische Verbrecher mit richtigen Zuchthausgesichtern, bekleidet mit gestohlenen Stiefeln und Hosen, richtige "Rotzen" von 18 Jahren, mit Revolvern, Gummiknüppeln und Schlagring, stürzten sich auf uns 20 Mann. Was sich dort zugetragen hat, dagegen war Dachau, Buchenwald usw. ein Kinderspiel. Als sie entdeckten, daß Ihr alter Vater nicht polnisch sprechen konnte, da stand diesen faulen polnischen Bestien der weiße Schaum vor den Fressen, und alle schlugen auf den alten Mann ein. 'Polnisches Brot hätte er gefressen und könnte nicht polnisch sprechen'. Sie haben sich immer zuerst mit Ihrem Vater beschäftigt, der schon ganz zerschlagen und verschwollen war. Es muß so in den ersten Tagen des Monats Mai gewesen sein, als ein Pole von der Miliz Ihren Vater, der gerade gebückt stand, von hinten zwischen den Beinen ins Gesäß hackte. Ihr Vater stand nicht mehr auf. Wo Ihr Vater beerdigt liegt, werden Ihre Angehörigen nicht erfahren. Im Lager Zgoda sind etwa achttausend Menschen ums Leben gekommen."

Originalunterlagen archiviert bei der *Landsmannschaft der Oberschlesier* in Ratingen.

(41) Bericht von Georg Janduda, Krumme Straße 41, Stadthagen.

Daß Ihr Vater Herr Jendryschik bei uns im Lager Zgoda war, stimmt. Ich habe ihn gleich mit zerschlagenem Kopf bei uns eingeliefert gesehen. Ich selbst bin damals als einer der ersten an Typhus erkrankt. Als ich vom Krankenbett aufstand, war Ihr Vater bereits tot und auch schon begraben, so daß ich vom Tode weiter nichts erfuhr.

Unterschrift
Das Original des Briefes befindet sich in den Händen des Verfassers.

Beglaubigte Übersetzung aus dem Polnischen

Hoheitszeichen
Republik Polen
Wojwodschaft Schlesisch-Dambrowo
Kreis Kattowitz
S T A N D E S A M T
 in Schwietochlowitz
    Nr.1538/45

Stempelmarke
    1Zl.-

Auszug des TOTENSCHEINES

Ich bescheinige,daß Josef J e n d r y s c h i k -
------------------ 64 Jahre alt -------------------
am neunzehnten August --------------------------
des Jahres eintausendneunhundertfünfundvierzig-
------ 1945 ------------------------------------
in(Swietochowice) Schwientocowitz -------------
verstorben ist . -----------------------------
Der Verstorbene war verheiratet.--
        Schwientochowitz den 31.Oktober 1947.- ·

(L.S.)   Der Standesbeamte
              gez./-/ Jarczyk/

Die wörtliche Übereinstimmung obiger Übersetzung
mit dem Original wird hiermit bescheinigt.

Wilhelm Helfferich
Berlin- Halensee
den 28 August 1957

Amtsgericht Überlingen

Amtsgericht · Bahnhofstr. 8 · 88662 Überlingen

Geschäftsnummer	Tel.-Nebenstelle	Datum
II AR 69/95	0 75 51 / 835-0	18.7.95

Bitte immer angeben!

Herrn

Sepp Jendryschik

Salem

Bitte bringen Sie diese Ladung und Ihren Personalausweis bzw. Reisepaß zum Termin mit!

Ladung zur Vernehmung als Zeugin / Zeuge am

Wochentag und Datum	Uhrzeit	Stock/Raum (E = Erdgeschoß)	im Gerichtsgebäude
Freitag, 1. September 1995	10.00	Zimmer 9	

Zur

	Hauptverhandlung		Berufungsverhandlung	X	Vernehmung	
X	im Strafverfahren gegen		im Bußgeldverfahren gegen		im Privatklage-verfahren		im Ermittlungs-verfahren gegen

Morel Salomon

wegen

Mordes

	Datum	Uhrzeit	ist aufgehoben worden, so daß Sie zu diesem Zeitpunkt nicht zu kommen brauchen.
Der Termin am			

Sehr geehrte r Herr Jendryschik!

Das Gericht wird Sie als Zeugin / Zeugen vernehmen. Kommen Sie deshalb bitte rechtzeitig zur Vernehmung.

Beachten Sie bitte folgendes:

Sie sind gesetzlich verpflichtet, zu dem genannten Termin zu erscheinen. Sofern Sie aus zwingenden Gründen nicht kommen könne, teilen Sie bitte die Hinderungsgründe umgehend mit.

Nach den gesetzlichen Bestimmungen müssen Sie mit nachteiligen Folgen rechnen, wenn Sie zu dem genannten Termin nicht erscheinen und sich nicht rechtzeitig genügend entschuldigt haben, es sei denn, Sie legen glaubhaft dar, daß Sie ohne Ihr Verschulden nicht in der Lage waren, sich rechtzeitig zu entschuldigen. **Auch wenn Sie sich entschuldigt haben, sind Sie zum Erscheinen verpflichtet,** soweit Sie keine gegenteilige Nachricht vom Gericht erhalten. Im Fall des unentschuldigten Nichterscheinens werden Ihnen die Kosten auferlegt, die durch Ihr Ausbleiben verursacht sind. Zugleich muß gegen Sie ein Ordnungsgeld bis zu 1000 DM und für den Fall, daß es nicht beigetrieben werden kann, Ordnungshaft bis zu sechs Wochen festgesetzt werden. Darüber hinaus kann Ihre zwangsweise Vorführung angeordnet werden.

Teilen Sie bitte eine etwaige Änderung Ihrer Anschrift sofort mit, damit Sie jederzeit erreichbar bleiben.

Wegen des Ersatzes Ihrer Auslagen und Ihres Verdienstausfalles bitten wir Sie, die Hinweise auf der Rückseite zu beachten.

Hochachtungsvoll
Auf Anordnung

(Mattes)
Justizangestellte

Die Zeugin/Der Zeuge wurde um _____ Uhr entlassen.
– Sie / Er ist bestimmungsgemäß zu entschädigen. –

(42) Bericht von Dr. Horst Macionga in Neusäß.

Mein Vater ist 1969 verstorben. Ich weiß nur aus Erzählungen von den Verbrechen, die den deutschen Internierten im polnischen Konzentrationslager in Schwientochlowitz in der Markthalle zuteil wurden. Aus seinen Erzählungen ist mir erinnerlich, daß die Internierten bei 20° bis 30° minus auf dem blanken Zementboden liegen mußten, und daß sie mehrmals täglich zusammengeschlagen wurden. Dank der Hilfe eines englischen Armeeangehörigen aus Pretoria in Süd-Afrika, der sich seiner annahm, wie auch einiger ehemaliger Grubenangestellten, die ihm in gefälschten polnischen Milizuniformen und einem gefälschten Exekutionsbefehl zur Flucht verhalfen, konnte er sich nach einer Odyssee in die Freiheit retten.

In Garmisch-Partenkirchen verbrachte er mehrere Jahre im Krankenhaus, wo er sich mehreren Nachamputationen unterziehen mußte, und wo seine schwersten Nierenverletzungen behandelt wurden. Ihm wurde aufgrund der erlittenen und von den polnischen Peinigern zugefügten Verwundungen der Status eines 100 %igen Kriegsbeschädigten zuerkannt. Mein Vater war bis zu seinem Lebensende schwer leidend und konnte sich von den Folgen der polnischen Barberei nicht mehr erholen. Augenzeuge: Max Ogorek.

Unterschrift

Originalunterlagen archiviert bei der *Landsmannschaft der Oberschlesier* in Ratingen.

(43) Bericht von J. M. aus Schwientochlowitz – Akte Nr. 16.

Mein Bruder und mein Schwager, wie auch viele andere Deutsche, wurden von unserer Arbeitsstelle, das war die Falva-Hütte, verhaftet und in die Markthalle Schwientochlowitz getrieben. Da gab es nichts zu essen. So ernährten sich die Gefangenen von Rübenbeständen, die dort die Gemüsehändler gelagert hatten. Nach etlichen Tagen erfolgte die Verlegung nach dem Lager Eintrachtshütte, von da aus wurden die Gefangenen entweder in das Erzlager der Falva-Hütte oder nach der Deutschlandgrube zur Arbeit geführt. Dort war das Essen zwar ge-

ring, aber schlecht. Über den Tod meines Bruders wurde mir erzählt, daß alle Gefangenen von den Polen mit Ochsenziemern geschlagen wurden. 50 Hiebe erhielten sie als ersten Empfang in Zgoda. Vor allem zielten die Polen auf die Nierenpartien, [die Opfer] mußten sich hinlegen und auf ihren Leibern wurde getrampelt. Der Lagerkommandant, ein Jude (Jakubowitz?), fragte jeden Tag das polnische Wachkommando, warum so wenig Tote wären. Mein Bruder wurde Ende Februar 1945 verhaftet und Ende März bereits erlag er den furchtbaren Mißhandlungen durch die Polen. Mein Schwager wurde beim Ausheben der Massengräber auf dem Friedhof in Eintrachtshütte beschäftigt, auf dem Friedhof, wo mein Bruder begraben liegt. Hier wurden die Toten in langen Reihen, fünf bis sechs Leichen übereinander begraben. Mein Schwager, der krank und verschwollen zurückkam, kränkelte seither und starb an den Mißhandlungen 1960 in Schwientochlowitz. Ich selbst wurde im Februar 1945 am Eingangstor zur Hütte auch verhaftet. Als Elektromonteur kannte ich den ganzen Betrieb und durch Einspruch wurde ich frei gelassen, da sie auf mich nicht verzichten konnten. Fünf Monate lang mußte ich mich täglich bei der Polizei melden. Während der täglichen Meldungen war ich Augenzeuge, wie die Polen 16 Kindern von 10 bis 12 Jahren, die bei der Hitlerjugend waren, aus den Kellerräumen heraufbrachten. Als ich die verängstigten Gesichter dieser Kinder, die zerschlagen waren und in allen Farben schimmerten, sah, wußte ich, was sie erlebt haben mußten. Ich hörte, wie der polnische Kommissar sagte: "Schafft ihn in den Keller, wo man nichts hört, und das andere wie üblich". In dem Zimmer, in dem ich verhört wurde, zählte ich acht Ochsenziemer, was mag da erst in den Kellerräumen gewesen sein?

Originalunterlagen archiviert bei der *Landsmannschaft der Oberschlesier* in Ratingen.

(44) Bericht von J. G. aus Stahlhammer, Kr. Loben – Akte Nr. 16.

Am 20. März 1945 wurde ich mit 40 anderen Ortsbewohnern von den Polen verhaftet. Nach dem ersten Verhör durch einen russischen Offizier wurden wir der polnischen Miliz übergeben und wieder übergab man uns den russischen Organen. Die Russen interessierten sich nur, ob wir einer Gliederung der NSDAP angehörten. Täglich wurden wir unter Drohungen mit Erschießen und schweren Schlägen stundenlang verhört. Mancher der Gefangenen konnte diese Behandlung nicht mehr ertragen, und um den fortgesetzten Quälereien ein Ende zu bereiten, sagte er aus, was die Russen und Polen hören wollten. Nach einer Woche kamen wir in das Lager Zgoda. Hier fing erst recht die Hölle an. Verhöre Tag und Nacht von 6-7 sogenannten polnischen "Kommandanten". Jeder war mit einem Gummiknüppel bewaffnet und gebrauchte ihn bei jeder Frage und Antwort. Ich konnte bei einem derselben 135 Schläge zählen, weiter kam ich nicht, weil ich bewußtlos herausgetragen wurde. Die Menschen fielen wie die Fliegen um. Täglich wurden hunderte zu Grabe getragen. Sie müssen schon verstehen, daß ich alle Einzelheiten nicht mehr aufführen kann. Es war grausam, und man will heute nicht mehr daran denken. Ich will hier nur soviel sagen, daß die Menschen in Zgoda von den Polen zu Tode gehetzt wurden, und wer von ihnen dieses Lager überlebte, der hatte Glück. Am 1. Mai kam ich in die Max-Grube in Michalkowitz. Da die dortige Verpflegung in keinem Verhältnis zur Schwerstarbeit stand und die schweren Mißhandlungen noch dazu kamen, starben viele Gefangene. Ich selbst lag 6 Wochen lang in der Krankenstube und kam mit viel Glück noch einmal über den Berg. Erst am 1. Juni 1946 wurde ich durch einen Gerichtsbeschluß entlassen.

Originalunterlagen archiviert bei der *Landsmannschaft der Oberschlesier* in Ratingen.

(45) Bericht in Akte Nr. 16 – 469/123.

Ende Mai 1945 brachte man uns in ein Bielitzer Gefängnis, wo wir wie die ärgsten Schwerverbrecher behandelt wurden. Am 20.6.1945 Verladung in Viehwaggons und gleichen Tages Ankunft in Kattowitz. Auf dem Theaterplatz ließ man uns in der großen Hitze drei Stunden lang stehen, wo wir von der Bevölkerung beschimpft und angespien wurden. Dann ging es in das Straflager Zgoda. Man ließ uns den ganzen Nachmittag bis zum nächsten Morgen stehen. Nun begann der eigentliche Leidensweg. Schon nach 2 Tagen, als der Typhus ausbrach, starben die Menschen wie die Fliegen dahin. Täglich waren es 80 bis 100 Tote. Ich war Augenzeuge, wie man die Toten nackt auf die Plattenwagen auflud. Sie wurden einfach auf die Halde hinausgefahren, wo man sie verscharrte. Dies war täglich der Fall. In Zgoda blieb ich nur bis zum 20.7.1945. Aber was ich da alles erlebte, wird mir zeitlebens in Erinnerung bleiben. Im Arbeitslager Liblionz, wo ich verlegt wurde, war auch wieder die Hölle los. Wir wurden da zu Tode gequält und malträtiert, so daß man sich lieber den Tod wünschte, als dies noch lange mitzumachen. Letzte Verlegung in das Zentrallager Jaworzno, wo ich Ende September 1946 entlassen wurde. Ich habe in kurzen Umrissen meinen Leidensweg geschildert und es ist Tausenden meiner Leidensgenossen ähnlich ergangen. Weitere Tausende aber mußten ihr Leben lassen, weil sie Deutsche waren.

Unterschrift

Originalunterlagen archiviert bei der *Landsmannschaft der Oberschlesier* in Ratingen.

(46) Bericht von W. F. aus Groß-Kunzendorf – Akte Nr. 16.

In der Nacht vom 25. zum 26. Juni 1945 holte die polnische Miliz 30 Männer aus Gr. Kunzendorf, Kreis Neiße, aus den Betten und transportierte sie in den Keller der Schule zu Borkendorf. In dieser Schule gab es schon die ersten Prügel durch die Polen. Drei Tage später kamen wir in die Kreisstadt Neiße. In den Kellern der Koch-Marienstraße erfolgten wieder schwere Mißhandlungen durch total betrunkene Polen. Nach weiteren 12 Tagen Aufenthalt in den Kellern wurden wir nach Zgoda verfrachtet. Tausende von Männern, Frauen und Kindern wurden da zusammengepfercht. Keine Verpflegung, Läuse und Wanzen waren da zu Millionen. Typhus und Fleckfieber brach aus, und jeden Tag gab es Opfer unter den Gefangenen. Der Barackenkommandant, auch Barackowy genannt, versicherte uns schon bei der Ankunft, "daß aus diesem Lager niemand lebend herauskäme". Was sich in diesen Wochen abspielte, läßt sich einfach nicht beschreiben. Der größte Teil meiner Kameraden starb dort infolge von Krankheiten und Hunger. Eine große Anzahl von meinen Kurzendorfer Kame-

raden meldeten sich freiwillig zur Arbeit. Diesem Umstand verdanke ich heute noch, daß ich lebe. So kamen wir nach der Baildonhütte und wurden in einer Isolierbaracke untergebracht. Im Durchschnitt starb jeden Tag einer der Barackeninsassen. Sie wurden auf dem Friedhof in Kattowitz-Dob begraben. Erneute Verlegung zur Eminenzgrube in Kattowitz. Wegen Arbeitsunfähigkeit wurde ich dann in das Zentralgefangenenlager Jaworzno überführt. Erst im Juli 1949 wurden wir entlassen. Es ist mir bis jetzt kein Gefangener bekannt, der lebend aus diesem Lager [Zgoda] herauskam.

Originalunterlagen archiviert bei der *Landsmannschaft der Oberschlesier in Ratingen.*

Mildes Urteil für Zgoda-Lagerarzt Dr. Glombitza

Auszug aus *Unser Oberschlesien*, Nr. 8 vom 13. April 1961:

Das Schwurgericht in Essen verurteilte den 55 Jahre alten Dr. med. Kurt Glombitza wegen Totschlags zu zwei Jahren Gefängnis. Der aus Kattowitz stammende Arzt wurde für schuldig befunden, als Lagerarzt des berüchtigten polnischen KZ-Lagers Zgoda, früher Eintrachtshütte, bei Schwientochlowitz, dem Mühlenbesitzer Erich Muschalek die Pulsadern geöffnet zu haben, obwohl Muschalek noch lebte. Der Mühlenbesitzer war einer von den vielen Tausenden von deutschen Oberschlesiern, die nach dem Einmarsch der Russen von polnischen Milizianten und Banditen zusammengetrieben, mißhandelt und in Hungerlager gesperrt wurden, wo sie täglich infolge der unmenschlichen bestialischen Behandlung, infolge Unterernährung und Seuchen zu Hunderten starben.

Erich Muschalek war bei seiner Einlieferung in das polnische Schreckenslager Zgoda den Milizianten und den Kapos, die sich zu Handlangerdiensten der polnischen Lagerherren hergegeben hatten, wahrscheinlich dadurch aufgefallen, daß er recht viel Gepäck bei sich hatte. Und die einfachste Art, sich in den Besitz dieses Gepäcks zu setzen, war, den Mühlenbesitzer zu erschlagen.

Ein Kapo provozierte einen Zwischenfall mit Muschalek, indem er auf der Lagerlatrine "zufällig" mit ihm zusammenstieß. Die schreckliche Folge für den Mühlenbesitzer war, daß er von polnischen Milizianten und Kapos im Badehaus des Lagers mit Schemelbeinen furchtbar zusammengeschlagen wurde. Und zwar am Pfingstsamstag und Pfingstsonntag 1945. Zwischendurch wurde er abwechselnd mit heißem und kaltem Wasser abgespritzt. Nach dieser Mißhandlung erhielt Dr. Glombitza, eine Beteiligung an dieser Mißhandlung war ihm nicht nachzuweisen, den Auftrag, den "Tod" des Mannes festzustellen. Er tat dies, indem er dem Sterbenden die Pulsadern öffnete und ihm dadurch endgültig den Tod bereitete.

Die Anklage warf Dr. Glombitza weiterhin vor, daß er auch den Gastwirt Alfons Hunger aus Kattowitz durch Öffnen der Pulsadern getötet habe. Auch in diesem Fall soll sich Dr. Glombitza zunächst an den Mißhandlungen des Gefangenen beteiligt haben. Der Lagerarzt habe sich an Hunger rächen wollen, hieß es in der Anklageschrift, weil dieser als Gastwirt einmal die Freundin (und später Frau) des Lagerarztes bei der Zuteilung von markenfreiem Fisch für ihre Gastwirtschaft benachteiligt haben soll. Eine Zeugin berichtete, wie Dr. Glombitza zu dem brutal zusammengeschlagenen Hunger in der Sanitätsbaracke gesagt habe: *„Ich werde dir den Tod erleichtern".* Anschließend habe er sich an den Händen des Schwerverletzten zu schaffen gemacht. Das Schwurgericht vermochte jedoch die Behauptung Dr. Glombitzas, der übrigens jede Beteiligung an der Mißhandlung bestritt, nicht zu widerlegen, daß er dem Mann die Pulsadern erst geöffnet habe, als dieser schon tot war. *„Für mich war der Mann tot. Aber ich wollte mir die letzte Gewißheit über seinen Tod verschaffen, damit er nicht, wie in anderen Fällen geschehen, noch lebend in die Leichengrube geworfen wurde".* Der Gerichtsarzt allerdings bezeichnete die Methode der Todesfeststellung durch Dr. Glombitza als *„äußerst ungewöhnlich".*

Daß Dr. Glombitza als Lagerarzt zu der herrschenden polnischen Lagerclique gehörte, war um so erstaunlicher, als er früher SA-Sturmführer war und man im Lager Zgoda für ehemalige Nationalsozialisten ein besonders gefürchtetes "Braunes Haus" eingerichtet hatte. Schon zu Beginn seiner Internierung im Frühjahr 1945 hatte sich der Kattowitzer Arzt, wie das Schwurgericht feststellte, auf die "andere Seite" geschlagen. Schon in dem schreckenserfüllten polnischen Lager in der Markthalle von Schwientochlowitz, wo es infolge des fürchterlichen Polenterros zu vielen Selbstmorden kam, gehörte Dr. Glombitza zu den Bevorzugten. Er kontrollierte das Essen, das den Internierten von Angehörigen gebracht wurde. Einmal warf er es, wie ein Zeuge berichtete, vor den Augen seiner hungernden Landsleute den Hunden vor. Im Spiegel der Zeugenaussagen schwankt das Charakterbild des Lagerarztes. *„Mir hat er geholfen".* – *„Ich habe nichts schlechtes über ihn gehört".* – *„Sein Name war für die Lagerinsassen ein Schrecken".* Ein Zeuge berichtet, daß Dr. Glombitza in vielen Fällen bei Seuchenkranken den Tod dadurch festgestellt habe, daß er dem Kranken einen Fußtritt versetzte. Rührte er sich nicht mehr, dann erklärte er *„tot".*

Der Staatsanwalt forderte 5 Jahre Zuchthaus, das Schwurgericht billigte dem Angeklagten mildernde Umstände zu!!!

Pressestimmen
Aussagen prominenter Politiker, Journalisten und ermittelnder Behörden

Übersetzung eines Artikels aus der in Kattowitz erscheinenden Zeitung *Dziennik Zachodni* vom 6.8.1993:

Die Buchhaltung des Todes

Kommandant Morel sagte zur Begrüßung: *„Hier versteht Ihr, was Auschwitz war!"*

Die Kommission zur Untersuchung der Verbrechen am polnischen Volk am *Institut zum nationalen Gedenken* begann in der Sache des Arbeitslagers Schwientochlowitz-Eintrachtshütte tätig zu werden. Das Lager bestand von Februar bis November/Dezember 1945. Dort lebten Menschen aus Schlesien ohne Gerichtsurteil in Haft. Es gibt Belege, daß innerhalb der paar Monate im Schwientochlowitzer Lager ungefähr 1.800 Menschen ums Leben kamen.

Es ist nicht bekannt, wohin die Dokumente des Lagers verschwunden sind, wir wissen nur, welche Aufgabe das Lager hatte: Es war kein Aussiedlungs-Lager. Die Häftlinge wurden durch schwerste Zwangsarbeit auf Gruben und Hütten ausgenutzt.

Der Staatsanwalt Marek Grodski verhehlt nicht, daß es sehr schwer ist, irgendwelches Belastungsmaterial aufzubringen, da keine Dokumente vorhanden sind und ein halbes Jahrhundert verstrichen ist. In der Mehrzahl leben die Häftlinge nicht mehr, deren Erinnerung Material zur Anklage enthielt. *„Zur Zeit habe ich keine Beweise"*, meint Grodski, *„daß im Lager Schwientochlowitz Verbrechen und Greueltaten begangen wurden. Im Interesse der Ermittlung muß ich schweigen. Ich kann nur eines sagen: 'Manche Zeugen beschwören das, andere verneinen es'!"* Niemand stellt jedenfalls in Abrede, daß die Menschen im Lager wie die Fliegen starben. Im Standesamt Schwientochlowitz befinden sich ungefähr 1.800 Sterbeurkunden, auf denen die Unterschrift des Lagerkommandanten Salomon Morel steht. In man-

chen befindet sich die Bemerkung "Bauchtyphus". Nach Zeugenaussagen ist es bekannt, daß der "Bauchtyphus" in den Sommermonaten
fürchterlich wütete, und man muß annehmen, daß der Kommandant
nicht alle Todesfälle beim Standesamt gemeldet hat. Die Zahl der Opfer ist bestimmt höher, da die Leichen nicht den Familienangehörigen
ausgehändigt wurden und wahrscheinlich an mehreren Stellen in Massengräbern verscharrt wurden. Man ist der Meinung, daß die sterb-
lichen Überreste von Häftlingen auch am alten Friedhof bei der "Schwi-
entochlowitzer-Weiche" ruhen. Dort befindet sich ein kleines Grab mit
einer Gedenktafel für die Opfer des Lagers. Am Ort des Verbrechens
sind heute Schrebergärten. Nur die Halle besteht noch als stille Zeugin der Verbrechen. Wenn man annimmt, daß das Lager etwa 300 Tage existierte und da man 1.800 Todesfälle belegen kann, ist nach dieser furchtbaren Todesbuchhaltung klar, daß im Durchschnitt jeden
Tag sechs Menschen ums Leben kamen.

Im Lichte der Zeugenaussagen ist die Zahl vielleicht niedriger. Während der Sommermonate sind täglich mehrere Pferdewagen voll Leichen aus dem Lager heraustransportiert worden. Emanuel David aus
Kattowitz-Dob kam aus dem Lager Eintrachtshütte nie zurück. Seine
Tochter erhielt erst nach vielen Jahren einen Totenschein. Sie kann
sich sehr gut erinnern, welche schrecklichen Folgen und Schikanen
die Familie zu tragen hatte. Sie wurden aus der Wohnung geworfen
und lebten in Not und Elend ohne Unterhalt. Pakete aus dem Westen
haben die sogenannten verpesteten Familien nie erreicht. Es herrschte
Hunger und Not. Kinder konnten nicht die Schule besuchen, obwohl
in der Familie verschiedene Volkslisten vorkamen. Ein Sohn des Häftlings hatte sogar in der Anders-Armee gekämpft.

Das Angstsyndrom

Ehemalige Häftlinge sind verschlossen. Viele sind überzeugt, daß sie
auf eine Entschädigung nicht rechnen können. Nur wenigen wurde die
Zwangsarbeit im Lager auf ihre Rente angerechnet. Sie sind zu alt und
erschöpft, um für eine "universale Gerechtigkeit" zu kämpfen. Wenn
man sie nach Erinnerungen fragt, schneiden sie das Thema nicht gerne an. Die Stimme und die Hände zittern ihnen dabei.

Paul W. aus Bogutschütz wurde mit 50 anderen Männern am 27. Februar abgeholt. Diese Menschenjagd kann man mit einem Ablenkungs-

manöver vergleichen. Ein paar Tage vorher hatte in Kattowitz-Zawod-
zie eine Explosion von Eisenbahnwagen stattgefunden, die mehrere
Waggons zerstörte. Zur Revanche wurden alle Männer mit Volkslisten Nr. 2 in die Schwientochlowitzer Markthalle abgeführt und nach
ein paar Tagen im Lager eingesperrt. Frauen und Kinder begleiteten
den Elendszug. Die Frau von Paul W. bemühte sich nach ein paar Tagen, ihrem Mann etwas zu essen zu bringen. Sie beobachtete, daß die
Lagerbesatzung aus Russen bestand, und daß auch Frauen darunter
waren. Aber später stellten Polen die Besatzung. Im Untersuchungs-
material werden noch zwei polnische Namen erwähnt. Ihre Träger lei-
teten mit Morel das Lager.

„Unsere Ernährung war sehr kärglich", so erinnert sich Paul W., *„die
Leute mußten sehr schwer arbeiten auf den Gleisen, auf der Grube
'Polen', auf der Florianshütte und in den Wäldern von Kochlowitz,
beim Ausladen von Munition, wo wir von den Russen bewacht und
geprügelt wurden, und auch noch an vielen anderen Orten. Es gab
Fälle von Erschlagen, nachts wurde mit uns 'Flieger' veranstaltet. Im
Winter mußten wir einen Schneeberg aufschütten und barfuß um ihn
herumlaufen. Viele haben nicht durchgehalten. Ein gewisser Targiel
aus Bogutschütz wurde dabei totgeschlagen."* Paul W. hatte etwas
Glück, mit einer Gruppe Häftlinge kam er am 10. Mai ins Lager Michalkowitz bei der Michel-Grube. Dort waren die Verhältnisse anständi-
ger. Die Berichte anderer Zeugen bestätigten, daß die Gefangenen, die
jung und gesund waren und in die "Werkslager" umziehen konnten,
viel größere Chancen hatten, zu überleben und auf die Hilfe der umliegenden Bewohner zu rechnen. Am 20. Dezember wurde Paul W. entlassen.

Die Hölle

Die erschütterndste Aussage stammt von Hubert S. aus Königshütte,
den man Anfang April einsperrte und nach wenigen Tagen ins Lager
Eintrachtshütte brachte. Seine Aussage belastete den Kommandanten
Morel, der persönlich Häftlinge prügelte. *„Morel sprach sehr gut deutsch
und zur Begrüßung sagte er uns, daß wir jetzt erst verstehen würden,
was Auschwitz war. Und zu 'Führers Geburtstag' bereitete er uns ein
'spezielles Geschenk'* [seine Familie war, wie er immer wieder behaup-
tete, in Auschwitz umgekommen – John Sack verriet er jedoch, daß es
in Wirklichkeit Polen gewesen waren, die sie erschossen hatten, An-

merkung des Verfassers]. *Die Verhältnisse im Lager waren schreck-lich. Wir schliefen auf verlausten Strohsäcken zu viert in einem Bett. Es waren zweistöckige Betten, so daß öfters die Bretter brachen und die Menschen aufeinander fielen. Es kam vor, daß ich morgens zwischen Toten lag. Ich war damals 17 Jahre alt und war in der Baracke Nr. 7, auch "deutsche" genannt. Ich wurde dort eingesperrt, weil ich als Kind in die Hitler-Jugend eingetreten war. Was hatte ich davon verstanden? Es waren unter uns auch Jungen, etwa 2 Jahre jünger als ich. In unserer Baracke waren auch SS-Männer und NSDAP-Mitglieder. Hier herrschte ein besonderes Regime. Auf die Latrine durften wir nur zu zehnt gehen. Das Essen war schlimmer als für Kaninchen, denn sie bekommen wenigstens genug Gras. Es gab keine Teller. Wir aßen mit den Fingern aus alten Blechdosen. Was hatten wir Jungens verbrochen? Die Älteren hatten keine Überlebenschancen. Der Typhus raffte sie schnell hinweg, und natürlich gab es keine medizinische Hilfe."* Hubert S. ist jetzt 65 Jahre alt. Er erinnert sich an viele Einzelheiten, aber außer dem Namen des Kommandanten weiß er keine Namen mehr. Ende Juli wurde er mit einer 150köpfigen Gruppe gesunder Männer in ein Nebenlager der Laurahütte gebracht (jetzt Einheit). Offensichtlich wollte die Leitung der Eintrachtshütte die Arbeitskräfte erhalten und sie sozusagen der Epidemie entziehen. Aber das nützte nichts! Aus der Gruppe starben, offensichtlich schon infiziert, etwa 96 Personen. Nur vier, unter ihnen Hubert S., überlebten die Seuche. Bei dieser Lage war natürlich von Arbeiten kaum zu reden. Ja, sogar der Kommandant von Laurahütte starb. Das Los dieses Nebenlagers, das eine eins im Vergleich zur Eintrachthütte war, gibt einen Einblick in die Hölle tausender Zivilisten, die, ungeachtet dessen, was in ihren Papieren stand, nicht nur keine Verbrecher, sondern nicht einmal Deutsche waren.

Krysztof Karwat

Berichtigung zu dem vorstehenden Artikel
des polnischen Journalisten Krysztof Karwat in der *Dziennik Zachodni* vom 6.6.1993

Zunächst unterliegt es keinem Zweifel, auch andere Quellen bestätigen Karwats Hinweise, daß die regionale Justizbehörde in Kattowitz nunmehr nach Ablauf von 49 Jahren eine Kommission zur Untersuchung der "Verbrechen am polnischen Volk" gebildet hat. Bezogen auf das sogenannte "Arbeitslager" in Schwientochlowitz-Eintrachtshütte, wo nur Deutsche inhaftiert waren, kann von dort begangenen Verbrechen am polnischen Volk nicht die Rede sein. Es ist ungeheuerlich aber bezeichnend, daß unterstellt wird, in Zgoda wären Polen die Opfer gewesen.

Die bis jetzt vorliegenden Erlebnisberichte ehemaliger Häftlinge, die der polnischen Staatsanwaltschaft nicht alle vorliegen, lassen es als möglich erscheinen, daß vielleicht in 2 bis 3 Fällen unklar war, ob es sich um polnisch oder deutsch gesinnte Menschen gehandelt hatte, die bei dem unkontrollierten Kesseltreiben, welches nur gegen die deutsche Bevölkerung gerichtet gewesen war, versehentlich inhaftiert worden waren. Sollten tatsächlich einmal Polen inhaftiert worden sein, wurden diese nach den ersten Verhören sofort freigelassen.

„Zur Zeit habe ich keine Beweise, daß im Lager Schwientochlowitz Verbrechen und Greueltaten begangen wurden und im Interesse der Ermittlung muß ich schweigen", so die Bekundung des Staatsanwaltes Marek Grodzki, der in angeblicher Ermangelung von Unterlagen den Verdacht hat, daß außer den 1.800 Sterbeurkunden der damalige Kommandant des Lagers, Morel, nicht alle Todesfälle dem dortigen Standesamt gemeldet hatte, weshalb die Zahl der Opfer vermutlich höher anzusetzen sei. Angesichts der noch nicht vollständig aufgeklärten Verbrechen, über die das polnische Volk auf Weisung höchster kommunistischer Regierungsstellen in Unkenntnis gehalten wurde, müßte es nun im Interesse der polnischen Staatsanwaltschaft liegen, sich im Bundesarchiv Koblenz aktenkundig zu machen und anhand der vorliegenden Literatur deutscher und ausländischer Historiker weiter zu informieren. Die bereits zitierten eidesstattlichen Erklärungen der überlebende Lagerinsassen sind schon Beweis genug, um Anklage gegen noch lebende Täter erheben zu können. Es ist auch nicht zu leugnen, daß im Lager *Zgoda* Epidemien unterschiedlicher Art ausbrachen und bei der Ausstellung der Todesurkunden als Todesursache generell entweder Bauchtyphus oder Herzschwäche eingetragen wurde. Selbst bei Erschießungen, Verhungern oder Tötung bei Folterungen wurden die vorgenannten Gründe als Todesursachen angegeben, um die verübten Verbrechen zu vertuschen. Doch selbst dann, wenn alle Todesfälle unmittelbar durch Bauchtyphus oder Herzschwäche entstanden

wären, dann wären die meisten dieser Todesfälle ohne die Inhaftierung und die in der Haft herrschenden Bedingungen nicht eingetreten.

Ferner behauptet Krysztof Karwat, daß die Familie des Lagerkommandanten Morel in Auschwitz umgekommen wäre. Diese Mär hat bereits der amerikanische Journalist John Sack widerlegt. Hierzu wird auf sein später zitiertes Interview in der US-Zeitschrift *Village Voice* vom 30.3.1993 und sein Buch *Auge um Auge* (S. 171f.) verwiesen.

Bericht aus *Schlesische Nachrichten*:

Die Hölle von *Zgoda*
Finden die Verbrechen an den Oberschlesiern ihre späte Sühne?

Die Überschrift dieses Beitrags wurde dem Titel des Tatsachenberichts *Die Hölle von Lamsdorf* angelehnt. Der Arzt Dr. Heinz Esser, Häftling des polnischen Vernichtungslagers in Lamsdorf, Kreis Falkenberg, schildert dort das Martyrium der Deutschen, dem 1945 über 6.000 Menschen zum Opfer fielen.

Aber es gab in dieser Zeit Konzentrationslager in Oberschlesien, die, wenn solch eine Steigerung nicht vermessen ist, noch schrecklicher waren, wie z. B. das Lager "Rosengarten" in Myslowitz, in dem etwa 17.000 Menschen starben, das Lager in Laurahütte oder aber das Lager jenseits der früheren Grenze in Jaworzno. Eines der grausamsten Vernichtungslager war jedoch das Lager *Zgoda* in Schwientochlowitz, in dem mit extremer Brutalität vor allem Ost-Oberschlesier zu Tode gequält wurden.

Die polnische Publizistik hat bislang die Existenz von Konzentrationslagern vehement geleugnet. Noch 1989 schrieb Miroslaw Cyganski in einem vom *Instytut Slaski* in Oppeln herausgegebenen Beitrag folgendes: „*In den Veröffentlichungen der Landsmannschaften der Oberschlesier ... dominierten vor allem die Angriffe auf Polen. Dies zeigten z. B. die fünf Auflagen des Buches von Dr. Heinz Esser, in dem anhand einer verfälschten Dokumentation über das angebliche polnische Vernichtungslager für Deutsche in Lamsdorf berichtet wird.* "

Heutzutage wird die Existenz polnischer Konzentrationslager in jener Zeit nicht mehr völlig bestritten; auch die von den Vertriebenen gelieferten Beweise werden nicht mehr gänzlich in Abrede gestellt. Zögernd nähert man sich der Wahrheit über die begangenen Verbrechen. Aber es gibt eine merkwürdige Variante der Schuldzuweisung bei der Verarbeitung der dunklen Vergangenheit, eine Variante antisemitischer Prägung. So erschien im Kattowitzer *Dziennik Zachodni* am 20.7.1992 ein Beitrag von Wieslaw Kosterski mit der Überschrift "Verbrechen" (Zbrodnia), der anhand von Zeugenaussagen die Greueltaten im Lager *Zgoda* schildert. Als Zeuge wird auch der Kommandant eines anderen zu gleicher Zeit in Schwientochlowitz bestehenden KZ-Lagers zitiert, der behauptet, daß das Wachpersonal *"ausschließlich aus Juden"* bestand. Diese Feststellung soll wohl suggerieren, daß weniger "echte" Polen, sondern vor allem Polen jüdischer Abstammung für die Mordtaten in den Vernichtungslagern verantwortlich waren. Man tut sich also immer noch schwer mit der Vergangenheitsbewältigung und versucht, die Schuld auf eine ungeliebte Volksgruppe zu schieben.

Und noch eine Anmerkung. In dem Zeitungsartikel kommen Zeugen zu Wort, wonach die Häftlinge vorwiegend "Polen" waren. Dies weist darauf hin, daß im KZ *Zgoda* vor allem Ost-Oberschlesier, die 1922 bis 1939 polnische Staatsbürger waren, untergebracht waren. (Der Artikel wurde von Sigmund Karski in gekürzter Form übersetzt.)

Verbrechen

"Ich erinnere mich, daß aus dem an der Eintrachtshütte (Huta *Zgoda*, S.K.) *gelegenen Lager fast täglich auf einem Leiterwagen Berge von Leichen, zugedeckt mit einer Plane, zum Alten Friedhof an der Friedhofstraße transportiert wurden. Es bestand kein Zweifel, daß es sich um Tote handelte, da ich heraushängende Füße und Hände gesehen habe. Der Wagen wurde von einer Zivilperson gelenkt. Eskortiert haben ihn Zivilisten mit weiß-roten* (poln. Nationalfarben, S.K.) *Armbinden."*

So lautet die Aussage eines Schwientochlowitzers vor dem *Kreisausschuß zur Untersuchung von Verbrechen gegen das polnische Volk* (Okregowa Komisja Badania Zbrodni Przeciwko Narodowi Polskiemu) in Kattowitz. Der Ausschuß ermittelt Gewalttaten, die u.a. in den Jahren 1945-1956 im Arbeitslager *Zgoda* in Schwientochlowitz begangen worden waren. Bisherige Untersuchungen haben ergeben, daß die kommunistischen Machthaber ein Nebenlager des KZ Auschwitz unweit der Eintrachtshütte übernahmen und als Arbeitslager für die einheimische Bevölkerung einrichteten. Die verstorbenen Häftlinge verscharrte man auf dem sog. Alten Friedhof an der Friedhofsstraße. Auch auf dem evangelischen Friedhof wurden Tote begraben.

Derselbe Zeuge sagte weiter aus, daß im Frühjahr 1945 eine große Zahl von Arbeitern der Florianhütte an ihrem Arbeitsplatz verhaftet und in das Lager gebracht worden war. *„Ich erinnere mich"*, so der Zeuge, *„daß jemand uns informierte, daß mein Vater dort in den Armen des Großvaters in einer Latrine verstarb. Er wurde im Lager mit den Füssen getreten, seine Nieren waren verletzt."*

Ein Rentner aus Kattowitz gibt folgendes zu Protokoll: *„Ich habe davon gehört, daß Staatssicherheitsbeamte (UB) das Lager aufsuchten, um Gefangene zu liquidieren. In Block 7 waren überwiegend NSDAP-Mitglieder untergebracht, und in dieser Baracke organisierte man Sonderaktionen. Die Häftlinge wurden geprügelt, denn ich habe Schreie gehört. Nach solchen Aktionen habe ich Leichen gesehen, die in einer Halle aufbewahrt waren. Eines Tages fand ich unter den Toten meinen Vater."* Der vom Ausschuß als Zeuge geladene Leiter des (ebenfalls in Schwientochlowitz gelegenen) Arbeitslagers bei der Zeche "Polska" stellte fest, daß die Mannschaft des Lagers *Zgoda* ausschließlich aus Juden bestand. Kommandant war Salomon Morel. Hinter dem Stacheldraht befanden sich hauptsächlich Polen, die vom UB, der Miliz und von sowjetischen Soldaten "angeliefert" wurden. Die Häftlinge wurden von Typhus, Schwindsucht und anderen Krankheiten dahingerafft. Ein damaliger Verwaltungsangestellter des Lagers *Zgoda* bestätigte, daß die Mehrzahl der Inhaftierten Polen waren. Der Oberarzt hieß Glombica.

Äußerst interessant war die Aussage von S. Morel. Dieser Bäckersohn aus Grabów, jüdischer Abstammung, war im Krieg in der Armia Ludowa (Volksarmee = kommunistischer Widerstand) aktiv. Er erklärte, daß im Lager ausschließlich Volksdeutsche untergebracht waren. Alle wurden gut behandelt. Es gab zwar eine große Sterblichkeit unter den Häftlingen, die jedoch durch eine Typhusepidemie verursacht worden war.

Ein Schreiben vom 13. Dezember 1991 an den Untersuchungsausschuß widerlegt jedoch die Behauptungen von S. Morel: *„Gegen Glombica wurde ein strafrechtliches Gerichtsverfahren in Essen, BRD, durch-*

geführt. Das Landgericht in Essen verurteilte ihn 1961 wegen im Arbeitslager 'Zgoda' begangener Verbrechen zu zwei Jahren Haft. Als Zeugen geladene ehemalige Häftlinge sagten aus, daß die Gefangenen sowohl von Glombica, als auch vom Lagerkommandanten S. Morel mißhandelt worden waren."

Die Zeit wird offenbaren, ob außer dem Lagerarzt noch andere für Straftaten im Schwientochlowitzer Lager zur Rechenschaft gezogen werden. Letztens wurden wir vom Kattowitzer Untersuchungsausschuß informiert, daß S. Morel für einige Monate nach Israel verreist ist. Der Untersuchungsausschuß wendet sich über unsere Zeitung an alle Zeugen, die zur Aufhellung der Straftaten im Lager *Zgoda* beitragen können, um Aussagen.

Anschrift: Okregowa Komisja Badania Zbrodni Przeciwko Narodowi Polskiemu, Pl Katowice, ul. Warszawska 19, Ruf 537 331.

Nachtrag: In den *Schlesischen Nachrichten* Nr. 18/1992 ("Der schlesische Geschichtsfreund") erschien der Aufruf eines Lesers aus Rybnik, der ebenfalls um Zeugenaussagen über der Lager in Schwientochlowitz nachsucht. Wir wiederholen die Anschrift: Josef Malek, Pl 44-200 Rybnik, ul. PPR 1 c.

Sigmund Karski (SN)

(Zitiert aus *Schlesische Nachrichten* 22/1992.)

Bericht in *Village Voice*:

Das Lager in Polen

Solomons Wut

von John Sack

Über den Autor

John Sack, der seit 48 Jahren als Journalist arbeitet, ist in allen Kriegen Amerikas seit dem Zweiten Weltkrieg Korrespondent gewesen: in Korea, in Vietnam und im Irak. Er ist dabei, ein Buch über von Juden geführte Konzentrationslager und jüdische Proteste dagegen zu schreiben, und er wird es bald den Verlagen anbieten.

Dieser Artikel ist eine Aufarbeitung verschiedener Vorkommnisse am Ende des Zweiten Weltkriegs. Die Ereignisse, Gespräche und Gedanken, über die ich berichte, sind das Ergebnis von sieben Jahren gewissenhafter Nachforschungen. Dazu machte ich drei Reisen nach Polen und sieben Reisen nach Deutschland. Ich befragte ein Dutzend Mal Solomon Morel, den ehemaligen Kommandanten von Schwientochlowitz, zwei deutsche Männer (Heinz "Becker" und Günter Wolny) und einen Holländer (Eric van Calsteren), die die dortigen "braunen" Baracken überlebt haben, und zwei polnische Frauen (Dorota Boreczek und Elfryda Uciecha), welche die Frauenbaracke überlebten.

Ich interviewte die beiden ehemaligen Staatsanwälte und den heutigen Ankläger der *Kommission für die Untersuchung von Verbrechen gegen das Polnische Volk* in Kattowitz. Bis heute hat die Kommission in Schwientochlowitz noch keine forensischen Untersuchungen angestellt oder irgendwelche Anklagen bezüglich des dortigen Lagers erhoben. Ich habe die gesamten Schwientochlowitz betreffenden Akten der Kommission gesehen und viele davon gelesen, allein 27 unbeeidete Erklärungen, die in den 60er Jahren von deutschen Überlebenden und einigen ihrer Angehörigen geschrieben wurden, von denen fast alle dort geschehene Greuel beschreiben.

Von den 27 Erklärungen erwähnen sieben, daß der Name des Kommandanten Morel war, und zwei erwähnten, daß Morel Jude war. Fünf, die von Heinz "Becker", Paul Cyl, Max Ogorek, Max Witkowski und Günther Wolny, kamen von Insassen der "braunen" Baracken, vier davon besagten, Morel habe an den Schlägereien dort teilgenommen und zwei, Morel selbst habe die Deutschen geschlagen. Alle 27 Erklärungen befinden sich in den Akten der Kommission. Zusätzlich habe ich viele Bücher über diese Zeit gelesen und mehrere Berichte über Schwientochlowitz in angesehenen polnischen und deutschen Zeitungen sowie in weiteren offiziellen Unterlagen von 1945.

Alle Einzelheiten in diesem Artikel beruhen auf einer oder mehreren Quellen. Die Berichte stammen aus den verschiedenen Erinnerungen und - um ganz bei der Wahrheit zu bleiben – aus gelegentlichen, auf Tatsachen beruhenden Kombinationen. Manchmal sind die Gedanken einzelner Personen offenkundig aus dem Zusammenhang zu entnehmen, und ich habe sie einfach davon abgeleitet.

Ich habe Morels Behauptung, die Vorwürfe gegen ihn seien das Produkt von Antisemitismus, sorgfältige Beachtung geschenkt. Ich kann das nicht ausschließen, doch habe ich keinen Beweis dafür gefunden, daß es so ist.

Traurig, daß man sagen muß, daß Schwientochlowitz nicht das einzige von Juden kommandierte Lager war, und daß es nicht einmal das schlimmste gewesen ist. 1945 gab es viele weitere Lager, viele andere jüdische Kommandanten und viel mehr deutsche Zivilisten, die starben.

Solomon Morel kommandierte 1945 ein Konzentrationslager – Tausende Deutsche starben an Folterung, Morel war Jude.

Ich bin ein Jude, und als im September des letzten Jahres der Neumond aufstieg, feierte ich den 5753. Jahrestag der Schöpfung, den Neujahrstag der Juden. Zu der Zeit war ich in Kattowitz, der am nächsten bei Auschwitz gelegenen Stadt, wo ich vermutlich mit ungefähr 12 Jahren gestorben wäre, hätten sich meine Großeltern nicht in den 90er Jahren des vorigen Jahrhunderts von dort nach Amerika aufgemacht. In Kattowitz gibt es heute keine Synagoge, denn die Deutschen haben sie im September 1939 gesprengt und in roten und grünen Schutt verwandelt. Aber man hat mir gesagt, daß ein paar Juden, gerade genug für ein Minyan, in einer in der Nähe des Kattowitzer Bahnhofs gelegenen trostlosen Wohnung im zweiten Stock am Neujahrstag zusammenkommen, und ich ging hin. Die Luft war voll vom Ruß aus den Zechen und den umliegenden Fabriken, die Häuser waren grau und die Straßenschilder unter der Rußschicht oft nicht lesbar, aber ich fand über der Zodiak-Bar die "Synagoge" und ging hinein. Es war eine Wohnung mit gelben Wänden. Auf ihren Bänken saßen die Juden, erhoben sich und wandten sich nach Osten zur Wawelska-Straße und nach Jerusalem. Sie sangen auf Hebräisch *„Laß uns nicht dem bösen Drang anheimfallen"*, und ich stimmte mit in dieses Gebet ein. Es waren hier alles alte Männer, die den Holocaust durchlebt und als Schneider, Schuhmacher, als Buchhalter in den Kohlenzechen in Polen geblieben waren, auch als untergeordnete Beamte bei der polnischen Staatspolizei, die manche Leute "die polnische SA" nannten: das Amt für Staatssicherheit. Mit meinen 62 Jahren war ich der Jüngste dort, doch die anderen ließen mich entgegenkommend den Segen über der Thora sprechen, und sie drängten sich besorgt um mich, als nähme ich eine schwierige Operation daran vor. Als ich fertig war, sagte ein Jude, der früher Hauptmann bei der Staatssicherheit gewesen ist und immer noch den entsprechenden kurzen Haarschnitt trug, *„Git!"*, was auf Jiddisch *„Gut"* heißt und half mir aus meinem Gebetsschal. Er sagte dann *„Kim mit mir"*, und wir gingen zu dem Raum, wo die Juden am Sabbath immer Tee und Hering in saurer Sahne zu sich nehmen. Der Mann hatte einen ausgebleichten grauen Anzug an, ein ausgegilbtes kariertes Hemd, eine fransige schwarze Krawatte und, wie ich, ein schwarzes Käppchen, so wie wir sie auch vor drei Jahren trugen, als ich in Kattowitz war, um Material für ein Buch über die Juden zu sammeln, die in dem Amt gearbeitet hatten. Sein Name, das wußte ich, war Solomon (die Polen schrieben ihn Salomon, er selbst Salamon) Morel, und ich wußte, er war einmal Kommandant eines Lagers voller deutscher Zivilisten im nahen Schwientochlowitz gewesen. Ich wußte, daß die Polen wegen dieses Lagers eine Untersuchung machten, und Solomon hatte den Argwohn, daß ich seinetwegen in Kattowitz war. Wir saßen am Tisch und Solomon sagte:

„Wus fraygt die mir? Was willst du mich fragen?"

Ich versuchte ein bißchen Pidgin-Jiddisch zu reden: *„Solomon, bot ihr Tsuris? Hast du Schwierigkeiten?"*

„Nain", sagte Solomon und lachte. Im nächsten Zimmer waren die Juden noch leise am Beten.

„Die Zeitungen schreiben, die Polen werden dich anklagen."

„Sie lügen", sagte Solomon und lachte wieder. *„Der Staatsanwalt hat mir selbst gesagt, die Zeitungen schreiben nicht die Wahrheit."*

„Sie sagen, du seiest Lagerkommandant gewesen." Solomon nickte. Er war ein großer, breitschultriger Mann. *„Und sie sagen, du hättest dort viele Menschen umgebracht."*

„Die Zeitungen in Kattowitz bringen viel Antisemitismus."

„Aber Solomon – "

Auf einmal stand Solomon auf. Im nächsten Raum waren die Kattowitzer Juden beim 47. Psalm *„Singe Gott zum Lob, lobsinge"*, und Solomon und ich gingen schnell da hinein. Der Kantor (es gibt jetzt dort keinen Rabbi) sagte: „*Tekiah!*", und der alte, grauhaarige Mann legte ein Schofar an seine bebenden Lippen. Dann blies er hinein, und als er rot anlief, wie einer, der einen Autoschlauch aufzublasen versucht, gab das Schofar einen unbestimmten Laut von sich. Da beugte sich der Mann auf die Thora und schnappte nach Luft und wischte sich den Schweiß vom Gesicht, während ich und die alten Juden einander „*A git Juhr*", ein gutes neues Jahr wünschten.

Dann nahmen alle ihre Yarmulken, ihre Käppchen, ab. Solomon erklärte mir „*es gibt hier viel Antisemitismus*" und setzte sich, bevor er hinausging, eine Golfmütze auf. Von Schwientochlowitz sagte er nichts mehr. Doch ehe er nach Hause ging, nahm er mich mit dahin, wo die alte Synagoge gestanden hatte und zum Gedenkstein für Chaim, Hannah, Isaac, Josef und Israel, auf einen efeubewachsenen Friedhof. Sie waren einmal seine Familie gewesen und er sagte traurig: „*Ich komme jeden Monat*". Niemand geht mit ihm, denn die Familie Solomons wurde im Zweiten Weltkrieg ermordet.

Ich hatte Solomon drei Jahre vorher kennengelernt. Wir saßen oft im jüdischen Klub. Das waren zwei Zimmer, genauso leer, wie die Zimmer zum Kartenspielen in Kattowitz, und als wir Borschtsuppe von der jüdischen Wohlfahrtsküche aßen, hatte er mir von seinem Leben in Polen erzählt. Er sei 1919 in Garbow geboren, einem netten kleinen Ort, wo die Katholischen nie "Dreckiger Jude" sagten. Er hatte die Thora und den Talmud studiert, und wenn er etwas ausfraß – wenn er, sagen wir mal, eine Zwiebel aus dem Stückchen eines Nachbarn zog, um sie seiner Mutter zu bringen, sagte er „*für Dich*" – sprach der Vater mit seinem Schnurrbart mit Handgriffen nicht von den 10 Geboten „*Du sollst nicht stehlen*", oder vom Kommentar des Rabbi Samuel im Talmud, „*Sie werden Dich erwischen*". Solomons Vater wußte, daß ihm dies klar war, und verdrosch ihn halt und sagte ihm „*Bring jetzt die Zwiebel zurück*". Sein Vater buk in Garbow Brot und wohnte im einzigen dortigen Haus aus Backsteinen. Solomon wuchs als glücklicher, sorgloser, verspielter Junge auf, der seine Yarmulke aufsetzte und sein „*Baruch ata*" sprach.

Als die Deutschen einmarschierten, war er zwanzig, doch sein Verhängnis im Krieg waren die polnischen Kollaborateure. Polen, nicht Deutsche, nahmen seinen Vater, seine Mutter und einen Bruder in der Weihnachtswoche 1942 fest, und Solomon sah oben aus dem Heustock zu, mit Heu in seinen Mund gestopft, damit die Polen ihn nicht weinen hörten. *„Wo sind Deine anderen Söhne?"*, fragten die Polen, doch Solomons Mutter sagte nichts, und die Polen, nicht die Deutschen, straften sie, indem sie den Vater, dann den Bruder, dann auch sie selbst erschossen. In der Nacht versteckten sich Solomon und ein anderer Bruder in einem Mausoleum, und 1943 gingen sie zu den jüdischen Partisanen. Solomons Bruder fuhr auf einem Fahrzeug der Partisanen – einem von Pferden gezogenen Schlitten – als einige Polen, keine Deutschen, hinaufsprangen und ihn töteten. Solomon haßte die Polen nicht, weil sie seine ganze Familie ausgelöscht hatten, denn Polen hatten ihn auch gerettet, und obwohl er in abstrakter Weise die Deutschen haßte, haßte er keinerlei bestimmten, einzelnen Deutschen. Er durchlebte den Krieg, indem er gern lachte, und gern jüdische Witze erzählte, die er in Garbow gelernt hatte.

Er hatte immer eine Mandoline bei sich, beim Gehen das Band über der Schulter, den Hals in der Faust über dem Kopf, wenn er mit anderen Partisanen im März durch den Fluß watete. In der anderen Faust hatte er seine Mauser. Am anderen Ufer waren die Deutschen, und jemand sagte, *„da sind sie"*, und Solomon leerte seine Mauser, während er seine kostbare Mandoline vor den deutschen Geschossen schützte. Er lief dann 50 Kilometer in seinen gefrorenen Kleidern, die wie ein Panzer um ihn waren, die Mandoline auf seinem Schultersack. Er wechselte nach Rußland über, kämpfte gegen ein Bataillon Deutscher und nahm den Leichen die Verpflegung weg. Nachts, wenn die Partisanen feierten, stimmte er seine kalte Mandoline – nicht zu hart, damit nicht eine von den unbezahlbaren Saiten sprang, und als der Mond herunterschien und die Birkenrinden wie fluoreszierende Lichter schimmerten, sang er: *„Wir aus den verbrannten Städten, werden uns für den Hunger rächen und für das Blut. Wir werden unsere Gewehre auf das Herz des Feindes richten ..."* Aber selbst als Solomon dies sang (und danach die alten jüdischen Witze erzählte), hatte er keine klare Vorstellung, wie das Gesicht des Feindes aussah.

Nach seiner Befreiung wurde er dem Amt für Staatssicherheit zugeteilt. Im Westen wütete der Krieg noch, doch in seinem eigenen Gebiet wurden die Deutschen nicht wie die Juden von Danzig zu Seife geschmolzen [sic], sondern lebten und arbeiteten auf Bauernhöfen und in Fabriken in Polen und im polnisch verwaltetem Deutschland, und die Aufgabe des Amtes war es, die Nazis unter ihnen herauszusuchen. Dazu hatte das Amt drei Abteilungen: eine für Nachrichtenbeschaffung, eine für Vernehmungen und eine für das Gefängniswesen. Die Leute vom Nachrichtenwesen gingen nach Kattowitz hinein und brachten einen Deutschen, sagen wir, für 200 Dollar je Fang, und sagten: *„Der da war ein Nazi!"* – oder, die *„Frau war eine".* Mit ihren Pistolen in der Hand verhafteten sie dann die Verdächtigsten und brachten sie zu Fuß zu einem Gebäude in der Powstanzowstraße, in ein Zimmer, wo die finster schauenden Kerle bei der Vernehmung sagten: *„Waren sie in der Nazi-Partei?"* Manchmal sagte ein Deutscher *„Ja"*, und die Vernehmer schrien: *„Du Schwein!"*, schlugen ihn, brachen ihm vielmals den Arm, bevor sie ihn ins Gefängnis schickten und früher oder später ihn vor ein polnisches Gericht stellten. Doch fast immer sagte der Deutsche *„Nein"*, und die Vernehmer, die es von ihrem deutschen Informanten anders erfahren hatten, sagten ihm *„Sie lügen, Sie waren ein Nazi".* *„Nein, ich war keiner".* *„Sie lügen! Wir wissen über Sie Bescheid!"* *„Nein, wirklich nicht"* – *„Du lügst!"* – schrien die Vernehmer und schlugen den Widerspenstigen. *„Gib es zu, oder du kriegst eine längere Strafe! Also – warst Du in der Nazi-Partei?"* *„Nein"*, sagte der Deutsche oft, und die Jungs mußten ihn schlagen und schlagen, bis er schluchzte *„Ich war ein Nazi, ja".* Dann, wenn das Geständnis getippt war, schickten ihn die Vernehmer zu den Gefängniswärtern; in eins von den hunderten neu eingerichteten Lager, und früher oder später vor ein polnisches Gericht. Solomon war bei den Gefängniswärtern. Er bekam eine oliv-gelb-graue Jacke mit einer Reihe Messingknöpfe, und auf ihrem hohen schwarzen Kragen eine silberne Stickerei, denn der Judenjunge, der jüdische Witze erzählte, war jetzt Kapitän beim Staatssicherheitsdienst. Im Februar 1945, als der Krieg im Westen noch wütete, wurde er nach Schwientochlowitz, 15 Kilometer von Kattowitz, versetzt, und er fuhr in einem Dienst-Auto dort hin. Auf einem flachen, grauen Platz in einem Stadtteil von Schwientochlowitz war ein alter gedeckter Markt, mit doppeltem Stacheldraht eingezäunt, der jetzt auf Anordnung des Amtes das Lager für die Deutschen war, und der Kommandant würde Kapitän Solomon Morel sein. Er stieg aus seinem Auto aus. Er überblickte sein hölzernes Wohnhaus, ging dann durch den doppelten Stacheldrahtzaun, der mit seinen 6.000 Volt vibrierte und besichtigte sein trostloses Konzentrationslager. Es war während des Krieges von der SS betrieben worden, und in jeder der sieben Baracken und an jedem der dreistöckigen Betten war ein Schild mit der Inschrift "Abramowicz", usw. Ganz bewußt ließ Solomon die Schilder hängen, und die Deutschen, von denen die ersten ein paar Tage später ankamen, sagten: *„Oh, das war für Juden!"* Obwohl die Deutschen meist angebliche Kollaborateure waren, hatten nur hundert zugegeben: *„Ich war bei der 'SS' oder ich war bei der 'SA' oder ich war bei der 'Hitlerjugend' oder ich war ein Nazi. Ja!"* und Solomon legte diese Leute in die am besten zugänglichen Baracken – die "braunen" Baracken, wie er sie nannte, denn braun war die Farbe der Nazis – und um 10 Uhr abends besuchte er sie.

Ich weiß, was dann geschah, aber ich erfuhr es nicht, als ich mit Solomon heißen Borscht aß. Im jüdischen Klub in Kattowitz hatte er mir oft gesagt: *„Ich kann nicht über Schwientochlowitz sprechen. Es ist geheim."* Aber ich hatte es doch darüber erfahren, indem ich mit sechs Augenzeugen sprach und Erklärungen von 27 Augenzeugen las, die seit 1960 in einem Raum in einer Betonburg über dem Rhein gesessen haben: dem deutschen Bundesarchiv in Koblenz. Typischerweise – könnte ein Deutscher schreiben, *„ich habe die ganze Wahrheit gesagt, und ich bin jederzeit bereit, das zu beschwören"*, dann dürfte er oder sie eine Horrorgeschichte über Solomons Lager herausbringen. Manchmal hatten die Deutschen das mit der Maschine aufgeschrieben, doch oft hatten sie es in einer hübschen, aber schwer leserlichen Handschrift niedergelegt, die ich erstmal studieren mußte, bevor ich darauf kam, daß der Name des Kommandanten Morel war, und daß Morel Jude war. Ich kam mir oft wie einer vor, der die Karte einer Schatzinsel entziffert, aber die geheimnisvollsten Worte waren die Vermerke *"1960", "1961"* und *"1962"*, die in schwarzer Bürokratentinte oben auf diese Erklärungen gestempelt waren. Sie bedeuteten, daß die Deutschen 30 Jahre lang gewußt hatten, was ein Jude in Schwientochlowitz getan hatte, doch daß die Deutschen sich nicht darum gekümmert (oder es nicht gewagt) hatten, der Welt das mitzuteilen.

Um zehn Uhr jedoch, in einer kalten Februarnacht 1945, stieß ein Unteroffizier die Tür der "braunen" Baracke in Schwientochlowitz auf. Er drehte die Lichter an und schrie: *„Bacznosc! – Achtung!"* – und als die Deutschen von ihren Betten herunterstiegen, gingen Solomon und ein Dutzend Wachmänner, manche Katholiken, manche Juden, hinein. Wenn er Stiefel trug, war Solomon 1,80 m groß; in seinem braunen Ledermantel hatte er eine Brust wie ein Bär, auf seinen Schultern waren die drei Kapitänssterne, und sein Gesicht konnte Furcht erregen. Im Krieg hatte er von Rache gesungen, von Rache, und heute konnte er sich diese verschaffen.

„Mein Name ist Kapitän Morel", begann Solomon, Seine Augen verhießen nichts Gutes. *„Ich bin 26 Jahre alt, und ich bin Jude"*, und er sagte damit, was die meisten Juden im Amt niemals zugaben. *„Mein Vater, meine Mutter, meine Brüder sind umgebracht worden, und ich habe als einziger überlebt. Ich –"* Solomon hielt inne. Die traurigen Gestalten, die in Hab-Acht-Haltung um ihn herumstanden, hatten die "Morelsche Sippe" bestimmt nicht umgebracht, aber Solomon muß sich überlegt haben, ob nicht ein paar in Maidanek tätig waren, dem nächstgelegenen Lager von Garbow aus. Einmal hatte Solomon bei den jüdischen Partisanen von dem dortigen "Erntefest" gehört, einem Mittwoch, an dem die SS 18.000 Juden getötet hatte, und er hatte sich vorgenommen: *Ich werde sie rächen.* Ein Jahr später hatte er in Maidanek zugesehen, als fünf frühere Wächter oben auf einigen Autos standen mit Schlingen um ihre Hälse, und als katholische und jüdische Fahrer die Motoren heulen ließen und losrasten. Hatten die Deutschen in den "braunen" Baracken auch in Maidanek gearbeitet? Hatten sie vielleicht in Auschwitz gearbeitet, 50 km von hier? Hatten sie?

„Ich war in Auschwitz", verkündete Solomon und log den Deutschen etwas vor, aber noch mehr sich selbst, wobei er sich selbst anheizte wie ein Boxer am Abend vor der Weltmeisterschaft, wobei er sich offenbar mit Haß gegen die umstehenden Deutschen anfüllte. *„Ich war sechs lange Jahre in Auschwitz, und ich habe geschworen – wenn ich herauskomme, würde ich es allen Nazis heimzahlen."* Sie standen immer noch um ihn herum, die "Nazis", und sagten nichts, und Solomon versuchte sie bloßzustellen, indem er ihnen sagte: *„Singt jetzt das Horst-Wessel-Lied"*. Niemand sang und Solomon hieb seinen harten Gummiknüppel gegen ein Bett, wie ein Richter seinen Hammer. *„Singt das, sage ich!"* *„Die Fahne hoch ..."* fingen einige Deutsche an. *„Alle habe ich gesagt!"* *„SA marschiert ..."*. Das Lied war die Hymne von Hitlers Schlägern gewesen, der Sturm-Abteilung oder SA und nicht alle in der Baracke kannten es ... *„mit ruhig festem Schritt"*. *„Du!"*, schrie Solomon einen Widerspenstigen an. *„Ich habe gesagt ihr sollt singen!"* Er schwang seinen Gummiknüppel gegen den Kopf des Mannes

und traf ihn, und der Mann wankte rückwärts. *„Kameraden, die Rotfront und Reaktion erschossen ...“* *„Hurensohn!“*, schrie Salomon, anscheinend dadurch gereizt, daß der Mann nicht sang, sondern rückwärts stolperte. Er schlug ihn erneut und sagte: *„Du sollst singen!“* *„Marschieren im Geist in unsern Reihen mit.“* *„Lauter!“* *„Die Straße frei dem Sturmabteilungsmann ...“* Jetzt waren die der Zugehörigkeit zur SS, SA, Hitlerjugend und Nazipartei Verdächtigen wie die Menge bei einer Versammlung mit Hitler. Jetzt konnte man sich vorstellen, wie sie sangen, marschierten und über die zuckenden Überreste von Solomons Vater, Mutter und Brüder hinwegstampften und Solomon schrie: *„Schweine!“* *„Nun schaun auf Hakenkreuz ...“* *„Nazischweine!“* *„... voll Hoffnung schon Millionen ...“* *„Schweine!“* - schrie Solomon. Er warf seinen Gummiknüppel weg und griff sich einen Holzstuhl. Mit einem Stuhlbein in der Hand fing er an, ihn einem Deutschen auf den Kopf zu schlagen. Ohne nachzudenken hob der Mann seine Arme, und Solomon, vielleicht wütend, daß der Mann versuchte, seiner gerechten Strafe zu entgehen, rammte den Stuhl dem Mann gegen die Brust. Der ließ die Arme fallen und Solomon fing an, über den nun ungeschützten Kopf zu schlagen. Keiner sang nun noch, doch der tobende Solomon merkte das nicht. die anderen Wachmänner schrien, *„Blond!“*, *„Schwarz!“*, *„Kurz!“*, *„Lang!“*, und als jeder von den entsetzten Männern hochkam, wurden sie mit Schlägen der Gummi-knüppel empfangen. Die Prügelei ging bis 11 Uhr weiter, als sich die schweißbedeckten Eindringlinge zurückzogen, indem sie schrien *„Ihr Schweine! Wir werden euch fertigmachen!“*

Solomon und die Wachen meinten es ernst. Am nächsten Abend, am nächsten und wieder am nächsten schrie der Feldwebel *„Achtung!“*, und gewöhnlich unter Führung von Solomon, stürmten die Wachen hinein. Schnell kletterten die Deutschen von ihren Betten herunter. Salomon sagte zu ihnen: *„Singt!“*, und sie begannen das Horst-Wessel-Lied. Solomon und seine Männer fingen an sie zu schlagen. Und bald waren ein paar Deutsche endgültig fertiggemacht: sie lagen auf dem Betonboden, die Augen starr zur Decke, denn Solomon und seine Leute hatten sie umgebracht. Bald war es ein allabendliches Ritual, das *„Achtung!“*, das *„Singen!“*, das *Horst-Wessel-Lied*. Aber nun war es doppelt so laut, der Chor doppelt so zahlreich.

Die Toten kamen auf Tragen und wurden von einem zehnköpfigen Leichen-Kommando in eine Leichenhalle mit hölzernen Wänden getragen und gegen den Geruch mit Chlorkalk bestreut. Aber viele Straßenbahnwagen voller Deutscher waren nach Schwientochlowitz gekommen, und die unter dem Verdacht standen, bei der SS, SA, HJ gewesen zu sein, waren jetzt in den "braunen" Baracken. Wenn sie sangen, schien der Haß in Solomons Kehle wie Lava aus einem lange untätigen Vulkan hochzukommen. *„Lauter!"* – sagte Solomon. *„Schweine!"* Wenn er ein gutes Ziel fand, griff er sich oft einen hölzernen Stuhl und schmetterte ihn einem Deutschen auf den Kopf, obwohl dabei gelegentlich das Stuhlbein abbrach, doch dann schnappte er sich einen anderen Stuhl, verfluchte das deutsche Birkenholz und schlug weiter auf den Deutschen ein. Um ihn herum versuchten die Wachen, den Deutschen beizubringen, sich wie ein Mann zu verhalten und fragten sie: *„Wieviel Schläge willst Du?"* *„Überhaupt keine!"* *„Dann kriegst Du 50!"* Wenn das Holzschwert des Wachmannes niederging, sagte er dem Deutschen: *„Zähl mit!"* *„Eins"*, fing der Deutsche an. *„Zähl auf polnisch!"* *„Ich fange noch mal an!"* *„Raz!"*, begann der Deutsche. Bald waren weitere tot, und jeden Tag, wenn es dämmerte, beförderte das Totenkommando sie in die stinkende Leichenhalle und in pferdegezogenen Karren in das Massengrab neben dem Friedhof an der Rawa.

Nacht für Nacht bis in den März, den April, fiel Solomon in die "braunen" Baracken ein, doch ihre Belegschaft wuchs weiter an, da Strassenbahnwagen und LKW voller Deutscher eintrafen. Die Betten füllten sich und bald hatte jedes Bett zwei, drei, vier Bewohner, die Kopf an Fuß lagen, bei jeder Abramowicz usw. Karte. In jeder Pritsche waren drei Betten, in jedem Zimmer waren 21 Pritschen, in der Baracke waren zwei überfüllte Zimmer und auf dem Fußboden, was keinen Platz fand. So waren in der "braunen" Baracke jetzt 600 Menschen. Selbst beim allerbesten Willen konnten die Wachen nicht mehr als ein Zehntel an einem Abend abstrafen, doch Solomon bekam etwas Hilfe, indem er für das Staatsschutzamt eine Reihe von tollen Parties gab – buchstäblich für die Schläger.

Er lud manchmal 20 Mann ein, die Hälfte Katholiken, die andere Hälfte Juden. Er lud auch willige Mädchen ein, wie Beata, die es mit dem Gefängnis-Direktor hatte (ein junger Jude aus Kattowitz) und Basia, die es mit jedem anderen trieb. Seine Gäste kamen Freitags bei Sonnenuntergang in Solomons Wohnung vor dem Stacheldrahtzaun – zu Beginn des Sabbath – und auch am Sonnabend. Solomon spendierte

Würste und ein anständiges Fäßchen Wodka, das die Gäste soffen und Solomon erzählte ihnen jüdische Witze. „*Siz geven Shabbas.*" Es war am Schabbes, könnte Solomon gesagt haben. „*Aber der Rabbi sagte: 'Wir haben nur neun Juden!' So*", sagte Solomon, „*ging dem Rabbi seine häßliche Frau hinaus, und sie fand einen jüdischen Mann. Sie sagte ihm: 'Komm rein! Du zad dayn zente! Du bist der Zehnte.' Der Mann sagte Ihr: 'Liebe Dame, ich will nicht mal der erste sein.'*" Solomons Mund pflegte sich dann weit aufzumachen, aber es kam kein Lachen heraus. Sein Gesicht war eine Komödiantenmaske, die sagen wollte „*Ist das komisch oder ist es das nicht?*", und als dann jeder vor Lachen brüllte, was „*Ja*" hieß, wurde die Maske lebendig und Solomon brüllte mit. Stundenlang trank alles und Solomon erzählte jüdische Witze. Danach holte er seine Mandoline und spielte Lieder wie dieses: „*Es ist gut bei den Soldaten, den ganzen Winter kommen die Weiber. Früher gings auf dem Sofa, jetzt geht es im Heu.*" Und die Burschen und Weiber sangen mit. Als sie dann gingen, tranken sie noch immer weiter. An einem besonders wilden Abend, am Montag den 7. Mai, an dem Tag, als die Deutschen kapitulierten, nahmen die Burschen und die Weiber ihre Gewehre und schossen ein paar Salven in den mitternächtlichen Himmel statt Feuerwerk, doch an anderen Abenden liefen die Gäste schnell an dem 6.000 Volt-Stacheldraht vorbei. Alle hatten Angehörige im Krieg verloren und dachten, die Deutschen in den "braunen" Baracken seien von der SS, der SA, der HJ, – für die Gäste reichte es schon, daß es Deutsche waren. Sie hätten sie ganz gerne tot geschossen, aber ein Knüppel brachte viel mehr gefühlsmäßige Befriedigung, und die Burschen und die Weiber schwangen welche, als sie auf die dunkle "braune" Baracke zumarschierten. Sie stießen die Tür der "braunen" Baracke auf. Sie drehten die Lichter an, und die Deutschen kamen so plötzlich hoch, daß viele von den Pritschenbrettern splitterten und die Männer durch die Bretter auf die Unteren herunterkrachten und die Deutschen schrien. Der Abend fing an. „*Singt die National-Hymne!*" Zur Abwechslung sagte Solomon: „*Singt das!*" „*Deutschland, Deutschland über alles ...*" – „*Lauter!*" „*Über alles in der Welt ...*" „*Noch lauter!*" „*Wenn es stets zum Schutz und Trutze ...*" „*Schweine!*" – „*brüderlich zusammenhält ...*" „*Du!*" – schrie Solomon einen Deutschen an diesem besonders denkwürdigen Abend zu. „*Leg Dich hier hin!*" „*Du!*" – zu einem anderen, „*leg Dich daneben!*". Als die drei nebeneinanderlagen, schrie Solomon

„Ihr legt Euch kreuzweise auf sie! Ihr". Er machte so weiter und er machte weiter und häufte die Deutschen auf, drei längs, drei quer, bis er einen menschlichen Würfel hatte, so hoch, wie man mit der Hand reichen kann. In diesem Augenblick fingen er und seine Gäste an, ihre Knüppel zu schwingen und hieben auf den Würfel ein, als wären sie Jäger, die es mit einer Herde kanadischer Seehunde zu tun haben.

Die Luft war vom Rülpsen der Gäste und vom dumpfen Klatschen von Holz auf Knochen erfüllt. In den höheren Schichten schrien die Deutschen *„Bitte, bitte!"* Die Deutschen in den mittleren Lagen stöhnten, doch die unten Liegenden waren stumm, denn das Gewicht der zwei Dutzend Menschen auf ihnen drückten ihnen die Eingeweide heraus und die Deutschen starben. *„Schweine!"* - schrien die Partygäste und schlugen darauf, doch Solomon lehnte jetzt nur noch an einem Bett und sah zu, lachte wie ein Meshugganer, was sein Deckname bei den jüdischen Partisanen war.

Schließlich gingen die müden Gäste, doch Solomon war noch nicht zufrieden. Er feierte an Feiertagen und Sonnabenden weiter tolle Partys und vom Amt in Kattowitz kamen viele. An einem anderen Abend machten die Wachen selbst einen Angriff auf die "braune" Baracke und fragten die Deutschen *„Wieviele Schläge?"* *„Ich will nicht zwanzig"* – *„Gut, wir werden Dich bedienen"* – und sagten nach den zwanzig zu dem Deutschen *„Noch einer! Du hast nicht 'danke' gesagt!"* Die Wachen taten das im Mai und Juni jeden Abend, bis im Juli die Abende zum Ritual wurden. Etwa um zehn Uhr rief ein Unteroffizier *„Achtung!"*, und die Deutschen sprangen wie Rekruten aus den Betten, hoben den rechten Arm, sagten *„Heil Hitler!"* und sangen das Horst-Wessel-Lied. Die Wachen gebrauchten Knüppel, Pritschenbretter, Brechstangen und die eichenen Krücken der Deutschen und manchmal pflegten sie die Unterscheidung zwischen körperlicher Strafe und Todesstrafe zu verwischen, indem sie einen Deutschen an den Armen und Beinen nahmen und ihn mit dem Kopf gegen die Wand rammten. Im mittleren Ring machte Solomon von seinen Lieblingsstühlen aus Birkenholz gegen die Deutschen Gebrauch, aber er muß damit nicht zufrieden gewesen sein, denn seine Wachmänner kamen wieder und wieder auf lange Abende zurück in die Baracke.

Die Zahl der Leichen war enorm, aber Solomon hatte immer noch die 600 Mann aus der "braunen" Baracke im Auge, die "1.800 Kollaborateure" und die "600 Kollaborateurinnen", die noch am Leben waren.

Er selbst rührte sie nicht an (er rührte außerhalb der "braunen" Baracke niemals jemanden an), doch die Wachen fingen an, sie alle zu schlagen: wenn sie nicht grüßten, wenn sie nicht auf polnisch sagten *„Jawohl Herr"*, wenn sie ihre Haare beim Friseur nicht aufhoben, wenn sie ihr Blut nicht aufleckten. Die Wachen setzten die Deutschen in eine Hundehütte und schlugen sie, wenn sie nicht *„wau-wau"* machten. Beim Appell zwangen die Wachen die Deutschen einander zu schlagen: sich gegenseitig ins Kreuz zu springen und dem anderen auf die Nase zu schlagen, und wenn ein Deutscher sich beim Schlagen zurückhielt, sagten die Wachen: *„Ich zeige Dir, wie man's macht"* und schlug die Deutschen so, daß einem sie dabei das Glasauge ausschlugen. Die Wachen richteten ihre Hunde darauf ab, den Deutschen auf das Kommando *„Sic!"* – die Geschlechtsteile abzubeißen.

Zu der Zeit schien es, daß der Haß einer von Solomons Muskeln war, und je länger er ihn gebrauchte, desto größer wurde er – als ob er jeden Tag 200 Pfund gestemmt hätte und nun, ohne erschöpft zu sein, 220 stemmen konnte.

Am Ende kam die Natur Solomon zur Hilfe. Ein Mann bekam Typhus, gerade wie Tausende von Juden in Auschwitz, schließlich haten ihn auch Tausende in Schwientochlowitz. Die anderen Männer in seinem Bett bekamen ihn auch und das 42 Grad Fieber verbreitete sich wie ein Buschfeuer in Solomons Lager.

In ihren Baracken lagen die Deutschen und bewegten sich nur, wenn der Urin aus dem Bett über ihnen herabtropfte, stammelten *„Josef!"* – oder *„Jakob!"* – oder *„Mama!, hilf mir bitte!"* Die Stuben waren, als hätten Granaten dort eingeschlagen, die Zahl der Toten stieg auf rund 100 am Tag – an einem Tag 138 – und das Leichenkommando war vollauf beschäftigt, jagte von Baracke zu Baracke, von Bett zu Bett. Vier von den Burschen nahmen jeden Toten an den Armen und Beinen – *„Hau ruck"*, und schwangen ihn auf eine Trage, obwohl einmal der Arm eines Toten abriß und eine Masse dicker weißer Würmer herauskroch. Sie trugen die Bahre dann (einmal eine Spur weißer Würmer hinter sich lassend) zum Totenhaus, kippten die Leiche ab, bestreuten sie mit Chlorkalk und warfen sie schwungvoll mit Hauruck wie Strohpuppen auf einen Wagen mit hohen Seitenwänden. Sie warfen immer noch mehr Leichen dazu, und ein Pferd zog die Ladung zu einem Grab am Rawa-Fluß.

Bis dahin waren drei viertel der Deutschen in Solomons Lager tot, und Solomon wird wohl gesagt haben, *„Was die Deutschen in fünf Jahren nicht konnten, habe ich in fünf Monaten gemacht!"* Tatsächlich hatten die Deutschen gerade soviel Leute in fünf kurzen Stunden getötet und die Deutschen in Schwientochlowitz waren verhältnismäßig sicher, denn Solomon und seine Wachmänner hielten sich aus dem typhusverseuchten Lager fern. Bei den Parties für die Kattowitzer holte Solomon jetzt manchmal seine Mandoline heraus, stimmte sie und stimmte sie nochmals, und mit ungewohnt schweren Armen begann er die traurige Ballade von dem *„Ai lu lu lu"*. *„Im Keller wiegte die Mutter ihr Söhnchen und sang ihm ein kleines Schlaflied. Schlaf, mein Kind, schlaf mein Kleiner. Ai lu lu lu, li lu lu lu."*

Solomon hielt dann ein, schlug ein paar Saiten an. Wenn er dies sang, sah Solomon immer traurig aus, als wenn dies seine Mutter wäre und der Sohn sein Partisanbruder, der, der in dem Pferdeschlitten umgekommen war. Aber er fing wieder an zu singen. Sie sang *„Ich will dir Milch geben."* Und bat Gott, er möge groß werden. *„Ai lu lu lu, li lu lu lu."* Dann noch ein paar Akkorde. *„Und nach zwanzig Jahren, da war der Sohn groß. Und er sagte zu ihr 'Nun werde ich Soldat.' 'Schlaf mein Sohn, schlaf, Ai lu lu lu, li lu lu lu.'"*

Vers auf Vers folgte. Der Krieg brach aus, und ihr Sohn wurde dazu gerufen, und sie betete zu Gott, doch ihr Sohn fiel, und sie ging auf den vollen Friedhof und sie sang *„O, du wirst nicht allein sein da unten, mein Sohn, schlaf. Mein Soldatenjunge, schlaf. Ai lu lu lu, li lu lu lu."*

Dann hörte Solomon auf. Seine Finger erlahmten auf der Mandoline. Er muß die Hunnen gehaßt haben, so gehaßt, denn was sie getan hatten, war so ungeheuerlich, daß die härtesten Maßnahmen nicht annähernd ein Ausgleich waren. Die drei- oder viertausend Toten von Schwientochlowitz konnten ihm keinen Ausgleich geben für seinen schlittenfahrenden Bruder, viel weniger für seine beiden anderen Brüder, seinen Vater und seine Mutter, seine Onkel und Tanten, alle außer einem kränkelnden Vetter und weitere sechs Millionen. Seine Rache war überhaupt nicht süß. Die Deutschen von Schwientochlowitz versuchten, Nachrichten nach draußen zu bringen. Ein Mann ging an den Zaun und rief: *„Hier ist die Hölle!"* Er starb dort. Ein Mann, der

Nachrichten herausschmuggelte, wurde gefoltert, aber ein Hitler-Junge aus Gleiwitz entkam.

(Übersetzung aus dem Englischen, zitiert aus der US-Zeitschrift *The Village Voice* vom 30.3.1993.)

Artikel in den *Schlesischen Nachrichten*:

Die Flucht des Kommandanten
Zum Zgoda-Prozeß wird es vermutlich nicht kommen

Im November 1992 berichteten wir an dieser Stelle (*SN*/OSK Nr. 22/92) im Beitrag "Die Hölle von Zgoda" über eine polnische Pressemeldung, die die Aufarbeitung der Vorgänge in diesem Vernichtungslager forderte. Seit dieser Zeit sind in Polen Berichte über andere Lager erschienen. Auch die Presse und Medien im weiteren Ausland haben sich mit diesem Thema befaßt. Am 21. November 1993 lief im USA-Fernsehen die *CBS*-Sendung "The Commandant", die über die Greueltaten im KZ Zgoda berichtete.

Der von 30 Millionen Zuschauern gesehene Film von Michael H. Gavshon stützt sich vor allem auf Aussagen ehemaliger Zgoda-Häftlinge, die in der Bundesrepublik und in Oberschlesien befragt worden waren. Obwohl die nur knapp 15 Minuten dauernde Sendung das Thema nur umreißen konnte (es gab in den USA angeblich Widerstände gegen diesen Film, deshalb wurde er gekürzt), haben es die CBS-Leute verstanden, einiges Wesentliche über das Lager zu sagen.

Allerdings kann man mit diesem Bericht aufgrund seiner einseitigen Schuldzuweisung nicht einverstanden sein. Dies betrifft im noch größeren Maße die polnische Berichterstattung über das Lager: Alle machen für die dort begangenen Verbrechen nur einen Mann verantwortlich – Solomon Morel, der sich vor kurzem aus Kattowitz nach Israel abgesetzt hat.

Sicherlich trägt Morel, der Lagerkommandant, die Hauptverantwortung für Tod und Folter an Tausenden von Oberschlesiern. Der CBS-Film spricht von 1.500 Menschen, die in Zgoda umgebracht wurden. Laut des hier folgenden Presseberichts sind bislang 2.646 Todesfälle ermittelt worden. Ehemalige Lagerinsassen nennen weitaus höhere Zahlen. Die Anzahl der in Zgoda an Unterernährung und Krankheiten wie Flecktyphus Verstorbenen oder der brutal Ermordeten geht also in die Tausende. Häftlinge bezeugen, daß der Kommandant selbst Hand bei der Mißhandlung wehrloser, vor Hunger geschwächter, vor allem alter und sehr junger Menschen angelegt hat. Er hat die Verbrechen nicht nur geduldet, er war Mittäter.

Morel, der Lagerleiter, beging jedoch diese Verbrechen nicht allein. Unter seiner Führung stand eine Vielzahl von Männern des Wach- und Aufsichtspersonals, die – wie ihr Chef – ihre Aggressionen an den wehrlosen Häftlingen austobten, Frauen und Mädchen vergewaltigten und töteten. Von all diesen Schergen ist sowohl in dem CBS-Film, als auch in den in Polen erschienenen Berichten kaum die Rede. All diese Kreaturen blieben bislang anonym, obwohl viele von ihnen sicherlich noch unweit der Stelle der begangenen Barbarei, also in Kattowitz, Schwientochlowitz, Königshütte oder anderswo leben und ihre "wohlverdiente" Kombattantenrente in Ruhe verzehren. Gegen sie ist bislang kein Vorwurf erhoben worden, geschweige denn eine gerichtliche Anklage. Wozu denn auch, wenn der Täter bereits ermittelt wurde: Solomon Morel - der Jude!

Das ist die Tendenz, die anzuprangern ist, eine in der Geschichte schon sehr oft angewandte und "bewährte" Lösung der Schuldfrage. Diese Tendenz ist vor allem in der polnischen Berichterstattung herauszulesen, worauf wir bereits im Beitrag "Die Hölle von Zgoda" hingewiesen haben. Man tut sich in Polen immer noch schwer mit der Vergangenheitsbewältigung und versucht nicht selten, die Schuld für die nach 1945 an der deutschen Zivilbevölkerung begangenen Verbrechen auf eine ungeliebte Volksgruppe zu schieben – die Juden.

Merkwürdigerweise liefert ein vor kurzem in den USA erschienenes Buch des ehemaligen Vietnam-Korrespondenten John Sack Munition für die hauptsächlich gegen Solomon Morel gerichteten Anschuldigungen. Der Titel: *The Wrath of Solomon (Solomons Zorn)*. Der amerikanische Journalist John Sack, selbst Nachfahre polnischer Juden, hat 1992 Morel in Kattowitz aufgesucht und dort auch recherchiert. Sein flüssig geschriebenes Werk schildert erschütternd das Martyrium im Lager Zgoda, die Folter, denen Greise und Kinder, Frauen und Mädchen seitens Morel und seiner Helfershelfer ausgesetzt waren. Sack (der auch in dem CBS-Film zu Wort kommt) nennt allerdings nur einen der Sadisten: Solomon Morel - *„ the polish Jew"*, obwohl er sicherlich in den Kattowitzer Archiven und von ehemaligen Häftlingen die Namen der Schergen anderer Religionszugehörigkeit erfahren hat. John Sack hat durch seinen Bericht der Wahrheitsfindung und der Gerechtigkeit keinen guten Dienst erwiesen, wenn auch sein Buch grundsätzlich zu begrüßen ist, da es das Ausland auf die Tragödie der Oberschlesier nach dem Zweiten Weltkrieg aufmerksam macht.

Es scheint, daß es in Polen zu keinem Prozeß gegen die Zgoda-Schergen kommen wird. Nachfolgend ein vom Verfasser dieses Beitrags übersetzter Artikel von Krzysztof Karwat, der im Kattowitzer *Dziennik Zachodni* vom 10.12.1993 erschienen ist. Sein Titel: "Morel, nowe fakty" (Morel, neue Tatsachen). Karwat geht davon aus, daß es keine juristische Aufarbeitung der Vorfälle im Zgoda-Lager geben wird, da Morel flüchtig sei und da es zwischen Israel und Polen kein Auslieferungsabkommen gebe. So einfach ist das.

Die im Lager Zgoda begangenen Verbrechen werden also vermutlich nie gesühnt werden.

Sigmund Karski (*SN*)

(Zitiert aus: *Schlesische Nachrichten*, 4/1994.)

Artikel in den *Schlesischen Nachrichten*:

Morel: Neue Tatsachen

Solomon Morel, der ehemalige Kommandant des Zwangsarbeiterlagers in Schwientochlowitz, schickte einen Brief an den Untersuchungsausschuß (Okregowa Komisja Badania Zbrodni Prözeciwko Narodowi Polskiemu) in Kattowitz. Auf dem Briefumschlag befindet sich eine israelische Briefmarke mit dem Poststempel von Tel Aviv.

Über die Flucht Morels aus Polen haben wir bereits berichtet. Wir haben auch einige Briefe veröffentlicht, in denen ehemalige Häftlinge den damaligen Kommandanten nicht nur deswegen anklagen, weil er für den Massenmord an Schlesiern, die ohne Angabe von Gründen verhaftet wurden, verantwortlich ist, sondern daß er auch persönlich Menschen geschlagen hat.

Unsere Redaktion verfügt über Beweise, die bestätigen, daß Morel – im Gegensatz zu seinen Behauptungen – bereits ab dem 15. März 1945 Lagerkommandant gewesen ist. Schon in dieser Zeit starben die Menschen massenweise, und nicht erst ab Sommer, als eine Typhusepidemie ausgebrochen war. Wir haben Todesbescheinigungen gefunden, die hauptsächlich von Morel und seinem Stellvertreter, dem verstorbenen Aleksy Krut, unterzeichnet sind. Schockierend ist, daß auf den Dokumenten die Todesursache über Monate hinaus nicht verzeichnet wurde. Nach Aussagen überlebender Häftlinge verstarben sehr viele Menschen an den Folterungen.

Jetzt, nachdem die Veröffentlichungen von John Sack (für die er übrigens in den USA heftig angegriffen wurde) auch bei uns bekannt werden, nehmen sich ebenfalls deutsche Zeitschriften dieses Themas an, wie z. B. das Nachrichtenmagazin *Focus* in der Nummer 15/1993. Auch *Die Zeit* bereitet auf der Grundlage des von John Sack ermittelten Materials und anhand eigener Recherchen einen Artikel über das Lager Zgoda und andere polnische Konzentrationslager vor.

Es wäre an der Zeit, daß in der Bundesrepublik weitere Tatsachenberichte über polnische, sowjetische, tschechische und andere Lager geschrieben würden. Es leben hierzulande und außerhalb Deutschlands noch viele ehemalige Häftlinge, die zur Sache aussagen könnten.

Auch schriftliches Material ist reichlich vorhanden. Seit Jahren sammelt z. B. Sepp Jendryschik, dessen Vater 1945 im KZ Zgoda ums Leben gekommen ist, Zeugenaussagen und andere Unterlagen über das Lager, die er zur Veröffentlichung bereitstellen möchte. Seine Anschrift: Alpenblick 19, 88682 Salem.

Es ist deprimierend, daß erst nach fast 50 Jahren die Wahrheit über die Verfolgung vieler Deutscher vor allem in Mittel- und Osteuropa bekannt wird. Daß dies überhaupt zustande kommen konnte, haben wir auch John Sack zu verdanken, der bei der Aufhellung eines Teils der deutschen Nachkriegsträgödie nicht nur großen journalistischen Mut, sondern auch Zivilcourage und Objektivität bewiesen hat. Dafür sind wir ihm zu großem Dank verpflichtet.

Sigmund Karski

(Zitiert aus: *Schlesische Nachrichten* 22/1992)

Bericht in *Schlesische Nachrichten*:

Solomons Zorn

In den *SN* vom 15. Februar 1994 berichteten wir im Aufsatz "Die Flucht des Kommandanten" von einer Veröffentlichung des amerikanischen Journalisten John Sack über das Konzentrationslager Zgoda in Schwientochlowitz. Dazu ist folgende Berichtigung notwendig: "The Wrath of Solomon" (Solomons Zorn) ist kein Buch, sondern lediglich ein umfangreicher Aufsatz, der von John Sack für die amerikanische Wochenzeitung *The Village Voice* verfaßt wurde. Sein Buch über das Lager [nicht nur über dieses Lager!] heißt *An eye for an eye*, Basic Books, a Division of Harper Collins, New York 1993. Dieses Werk soll übrigens demnächst beim Piper-Verlag München unter dem Titel *Auge um Auge* erscheinen. [Der Piper-Verlag hatte tatsächlich vor, das Buch herauszugeben, er hat aber auf Betreiben aus jüdischen Kreisen das Buch nach dem Druck nicht ausgeliefert, sondern eingestampft. Daraufhin übernahm der Kabel-Verlag in Hamburg die Veröffentlichung.]

Noch einige Anmerkungen zu unserem Artikel vom 15. Februar: Nach Ansicht einiger Leser sind unsere Einwände an John Sack wegen der Überbetonung der Rolle Solomon Morels in diesem Vernichtungslager nicht angemessen, da dadurch angeblich sein Verdienst um die Aufklärung der Vorkommnisse im Lager geschmälert wird. Dazu folgendes: In unserem Beitrag "Die Hölle von Zgoda" im November 1992 zitieren wir aus einer polnischen Zeitung die Behauptung, wonach die Wachmannschaft des Lagers fast ausschließlich aus Juden bestanden hat. Die Zeitung erwähnt dabei außer Morel nur einen weiteren Schergen des KZs, den vermutlich deutschen Lagerarzt Glombica, der später in die Bundesrepublik übersiedelte und 1961 in Essen zu einer zweijährigen Haftstrafe wegen an den Insassen begangener Verbrechen verurteilt wurde. Hier ist hinzuzufügen, daß Glombica den von uns befragten Zgoda-Häftlingen nicht bekannt ist. Der Zeitungsartikel suggeriert also, daß die Mordtaten in den polnischen Konzentrationslagern kaum von Polen selbst verübt worden sind. Diese Auffassung wird von der polnischen Presse bekräftigt, wobei hier einige Zeitschriften, wie die Warschauer *Gazeta Wyborcza* oder die Pariser *Kultura*, ausgenommen werden müssen, da sie durchaus journalistische Fairneß wahren und objektiv berichten.

John Sack hat also, wenn auch unabsichtlich, mit seinem Buch die Vorurteile nicht weniger Polen, und nicht nur dieser, bekräftigt.

Trotz aller Kritik müssen wir jedoch John Sack für seine Veröffentlichungen dankbar sein. Bislang herrscht in der Bundesrepublik ein Konformismus und bestehen Tabus, die, wie das Gerhard Gruschka in seinem Aufsatz "Historische Wahrheit setzt sich durch – Tabus beginnen aufzubrechen" (*SN* vom 1. Februar 1994) treffend feststellte, jeden, der auf die fast nahtlose Fortsetzung der Vernichtungslager ab 1945 hinweist als Revanchist und Aufrechner brandmarkt. Unsere Recherchen haben ergeben, daß in diesem Lager in knapp neun Monaten 2.646 Häftlinge verstarben. Am schrecklichsten waren die ersten Augusttage 1945, an denen täglich 30 Menschen ums Leben kamen. Es ist sogar ein ungewöhnliches Dokument vorhanden, aus dem hervorgeht, daß die vorgesetzte Behörde den Kommandanten im August 1945 mit Hausarrest bestraft hat. Der Befehl ist von Oberst Duda, Angehöriger des Sicherheitsdienstes (UB), unterzeichnet worden. Es scheint also, daß die Zustände im Lager Zgoda sogar der Führung des UB mißfallen haben.

Die vom Kattowitzer Ausschuß geführte Untersuchung soll die Geheimnisse des Lagers enthüllen. Morel selbst steht bislang nicht unter Anklage. Nach Ansicht des Staatsanwalts Marek Grodzki soll sich dies allerdings ändern. Wahrscheinlich wird sich die Woiwodschafts- oder Militärstaatsanwalt[schaft] mit dieser Angelegenheit befassen. Morel würde hierdurch zur "verdächtigen Person". Es ist jedoch zu bezweifeln, ob er steckbrieflich gesucht werden wird. Der Kommandant ist jetzt 74 Jahre alt; außerdem hat Polen mit Israel kein Auslieferungsabkommen unterzeichnet.

Wiedergutmachung ist nicht in Sicht. Das alte Kriegsfolgegesetz (Ustawa kombatancka) ist immer noch in Kraft. Demnach haben Häftlinge solcher Lager wie Zgoda keine Rechte auf Entschädigung. Dies betrifft übrigens auch die Familienangehörigen der Opfer, die erst jetzt einen Teil der Wahrheit erfahren. Das ist für sie – leider – die einzige moralische Genugtuung. Wo ihre Nächsten begraben sind und wie sie starben, wird nicht mehr ans Licht kommen.

Ich vermute auch, daß wir nie erfahren werden, wie der greise Morel sich selbst einschätzt. Was er über seine Tätigkeit als Lagerkommandant verlautbaren läßt, ist uns hinlänglich bekannt. Wir wissen jedoch nicht, wie er sich selbst wertet, wenn er über diese Zeit im Stillen nachdenkt. Es kann doch nicht sein, daß er sich auch dann noch unschuldig fühlt.

Krzysztof Karwat

(Übersetzung: Sigmund Karski)

Der Verfasser dieses Beitrags dankt Herrn Gerhard Gruschka, Balve, für die freundliche Übersendung der Kopie der *CBS*-Sendung "The Commandant".

(Zitiert aus: *Schlesische Nachrichten*, 7/1994.)

Artikel in *Trybuna Slaska*:

Händigt Israel Kommandanten aus?

Keiner weiß, ob es zur Auslieferung des in Israel weilenden Kommandanten des kommunistischen Arbeitslagers in Schwientochlowitz-Zgoda kommen wird.

Kattowitz. Nach der Befreiung Schlesiens von der Naziherrschaft hatten die damaligen Machthaber das frühere Nebenlager des KZ Auschwitz in Schwientochlowitz-Zgoda wieder reaktiviert. In dieses Lager wurden nach dem Kriege Deutsche und Volksdeutsche eingeliefert. Aber auch andere "verdächtigte Personen" wurden hier vom Sicherheitsdienst (Urzad Bezpieczenstwa, UB), bzw. von der Bürgermiliz (Milicja Obywatelska, MO) eingesperrt. Komandant des Arbeitslagers (genauer gesagt: Konzentrationslagers) war vom Februar bis zum Dezember 1945 Salomon Morel, Funktionär des Ministerium für die Allgemeine Sicherheit (Ministerstwo Bezpieczenstwa Publicznego). Während seiner "Amtszeit" durchliefen etwa 35.000 Personen dieses Lager. Davon verstarben bzw. wurden ermordet etwa 1.600 Menschen. Laut Zeugenaussagen hat Morel selbst die Gefangenen mißhandelt.

Über Morel erfuhr man mehr nach 1989, als in der schlesischen Presse Berichte über das Schwientochlowitzer Lager erschienen. 1992 wur-

Ex-Häftlinge polnischer Nachkriegs-KZ's organisieren sich

In Polen organisieren sich diejenigen, die nach Kriegsende in diverse Arbeitslager deportiert wurden, die man schlicht als Vernichtungslager bezeichnen kann. Sie geben sogar eigene Publikationen heraus wie zum Beispiel die Monatsschrift „Jaworzniacy/Zeitschrift jugendlicher politischer Häftlinge 1944-1956".

Jaworzno, einst Filiale des KZ's Auschwitz, war laut Forschung des Breslauer Strafrechtlers Prof. Dr. Witold Szkotnicki das ärgste von 300 analogen Lagern. Hier wurden deutsche Zivilisten, fast nur Jugendliche, Frauen, Kinder und Greise eingeliefert. Sogar solche, die in der Tschechei von den Sowjets als Flüchtlinge gefangen wurden, aus dem neuen polnischen Machtbereich stammten und einen Todesmarsch durch ganz Schlesien bis hinter Auschwitz hinter sich hatten.

Nach den Deutschen kamen nach Jaworzno Ukrainer, Zigeuner und zuletzt polnische, antikommunistische Gymnasiasten.

Lagerkommandant von Jaworzno war Salomon Morel, vorher Kommandant des KZ's für Deutsche „Zgoda/Eintracht" in Schwientochlowitz. Laut Warschauer „Rzeczpospolita" gab es von 1945-49 offiziell ca. 10 000 Tote, wobei Jaworzno erst 1953 aufgelöst wurde. Morel entzog sich der Kattowitzer Staatsanwaltschaft durch Flucht ins Ausland.

In den „Jaworzniacy"-Heften wird auch auf die Leiden der Deutschen im gesamten Nachkriegspolen hingewiesen, die Schuldigen, wozu auch Staatsanwälte, Richter und UB (Stasi-)-Schergen gehören, gesucht, „die uns verurteilten", wie zum Beispiel der gefürchtete Breslauer Militärrichter, Oberstleutnant Edward Jeczmyk. Dieser schickte viele junge Polen und Deutsche, darunter noch 1949 Heinz Görlich, an den Galgen.

Wie zu erfahren ist, erforschen nun die „Jaworzniacy"-Leute im Verbund mit Exhäftlingen des „Zgoda"-Lagers die Tätigkeit der polnischen Stasi-Einsatzgruppen für die Woiwodschaft Kattowitz.

Als Kommandeur dieser Einheit wurde in einer wissenschaftlichen Arbeit von Prof. Dr. Zygmunt Wozniczka von der Uni Kattowitz der damalige UB-Hauptmann Marcel Reich-Ranicki identifiziert. Darauf weist auch das in Berlin jetzt erschienene Buch von Krzysztof Starzyski (Vorwort: Tilman Jens) „Doppelagent" hin...   Joachim G. Görlich de von der *Bezirkskommission zur Untersuchung von Verbrechen gegen das polnische Volk* (Okregowa Komisja Badania Zbrodni Przeciwko Narodowi Polskiemu) ein Untersuchungsverfahren eingeleitet. Aber der Kommandant war verschwunden, und mit ihm seine Tochter, eine damals bekannte Chansonsängerin. Beide befinden sich jetzt in Israel. Drei Jahre später, als weitere Verdachtsmomente gegen Morel wegen Verbrechen gegen die Menschlichkeit auftauchten, nahm sich dieser Sache die Kattowitzer Staatsanwaltschaft an.

Ende September des vergangenen Jahres erhob die Kattowitzer Staatsanwaltschaft Anklage gegen S. Morel. *„Ich bestätige nur, daß wir gegen den ehemaligen Kommanden einen Steckbrief erlassen haben"*, erklärte uns der Staatsanwalt Roman Dubiel, Leiter des Untersuchungsamtes der Staatsanwaltschaft in Kattowitz. Morel wird seit dieser Zeit mit internationalem ("rotem") Steckbrief gesucht, der auch Interpol übergeben wurde. Inoffiziell haben wir erfahren, daß die Staatsanwaltschaft die genaue Adresse Morels in Tel Aviv kennt. Kommt es also zu einem Prozeß? *„Wenn der Aufenthaltsort Morels bekannt ist und wenn es sich zeigen sollte, daß er nach Ansicht der israelischen Behörden ausgeliefert werden könnte, so erwarten wir seine Festnahme. Sollte er in Israel leben, so geschieht dies mit der Einwilligung dieses Staates. Im Falle einer anderswo erfolgten Verhaftung, werden wir seine Auslieferung beantragen"* - erklärte uns Józef Gemra, stellvertretender Amtsdirektor beim Justizministerium. Ehemalige Insassen des Zgoda-Lagers glauben jedoch nicht mehr an die Gerechtigkeit. *„Israel wird doch nie seine Bürger ausliefern"*, lautet der Tenor. Die Angelegenheit ist auch für die polnischen Behörden heikel. *„Wir können nicht zu stark in dieser Angelegenheit einwirken, da sonst sofort Stimmen über den 'polnischen Antisemitismus' laut werden"*, erklärte uns ein Beamter des Justizministeriums.

Tadeusz Szymborski

(Zitiert aus *Trybuna Slaska* vom 14.5.1997

Eine Kette von Aggressionen

Polen raubte 1918/19 vom Deutschen Reich Westpreußen, Posen und das ostpreußische Soldau. Weitergehende Annexionsabsichten im südlichen Ostpreußen konnten durch Volksabstimmungen, die mit bis 99 Prozent für Deutschland ausgingen, gerade noch verhindert werden. Polen entriß der CSR 1920 das Gebiet von Teschen. Polen eroberte 1919/20 zeitweise Teile Weißrußlands und der Ukraine, bis es von den Truppen der frischgebackenen Sowjetunion zurückgetrieben wurde. 1920 geriet die auf Druck Warschaus vom Deutschen Reich abgetrennte "Freie Stadt Danzig" unter polnischen Einfluß. 1921 nahm Polen den Litauern das Wilna-Gebiet. Polen raubte 1921 das weißrussische Polesien. Polen eroberte 1921 das ukrainische Wolhynien. Polen verleibte sich 1921 das einst zur k.u.k.-Monarchie gehörende West-Galizien ein. Polen zerriß 1921 Oberschlesien und vereinnahmte deren östlichen Teil. Weitergehende Aggressionsabsichten wurden durch deutschen bewaffneten Widerstand verhindert. Polen nahm 1923 das einst zum Habsburgerreich gehörige Ostgalizien in Beschlag. Polen besetzte 1938/39 das bis dahin zur CSR gehörende Olsa-Gebiet. Polen raubte 1945 das südliche Ostpreußen, Hinterpommern, Ostbrandenburg, Schlesien östlich der Neiße und Sachsen östlich der Neiße. Und Polen "krönte" seinen Imperialismus 1945/46 mit der Besetzung von Stettin und Umgebung.

E. G. Kögel

Die Grenze Oberschlesiens blieb von 1494 bis 1922 unverändert. *„Die größte Massenaustreibung in der Geschichte der Menschheit"* – so hat der amerikanische Senat das Geschehen damals bezeichnet.

Leserbrief in *Der Schlesier*:

Unrecht und Gewalt entgegentreten

Ich beklage wie andere Bundesbürger die Ermordung und Vertreibung von Hunderttausenden Unschuldiger in Bosnien durch die Serben, wobei England und Frankreich eine Mitschuld trifft.

Das gleiche Schicksal, nur in schrecklicherem Ausmaße, die erste [??] ethnische Säuberung der Weltgeschichte, erlitten Millionen Deutsche bei ihrer Vertreibung seit 1945 in ganz Europa. Auch hier duldeten England und Frankreich die Verletzung elementarster Menschenrechte;

kein Gericht erhob Anklage. Gerade das katholische Polen führte angesichts der Greueltaten von Hitler und Stalin brutal die Vertreibung völlig Unschuldiger gegen jedes Recht durch. Der Krieg war beendet, alle Deutschen schutzlos, als Haß und Habgier durch die Polen Orgien feierten. Wer will bestreiten, daß der polnische Klerus in Dankmessen die Verbrechen segnete, daß auch Kardinal Wojtyla, der heutige Papst, diese als eine gerechte Sache mit Unterschrift billigte?

Unter Mithilfe der katholischen Kirche verlor die Menschheit ihre vielleicht letzte Chance, Unrecht und Gewalt entgegenzutreten. Bosnien 1994 ist eine Fortsetzung von Polen 1945.

Man muß sich wirklich an den Kopf greifen, wenn man dann in der Zeitung liest, daß unser Staatsoberhaupt Herzog die Polen um Vergebung bittet.

Gerold Bernert
Hintergasse 2
64367 Nieder-Beerbach (Mühltal)

(Zitiert aus: *Der Schlesier*, 14.10.1994.)

Haben die Deutschen ein minderes Recht?

Golanhöhen und Riesengebirge

Professor Emil Schlee

Der Tagespresse war zu entnehmen, daß Syrien als Bedingung für den Friedensabschluß mit Israel die vollständige Rückgabe der 1967 eroberten und 1981 annektierten Golanhöhen fordert. Die israelische Regierung habe tatsächlich Pläne für die Auflösung jüdischer Siedlungen auf den Golanhöhen fertig in der Schublade. Der israelische Aussenminister Schimon Peres erklärte dazu: *„Immerhin handelt es sich bei den Golanhöhen nicht um Heiliges Land."*

In diesem Zusammenhang und im Sinne "gegen das Vergessen" hätte sich Bundeskanzler Helmut Kohl vor seiner kürzlichen Nahost-Reise den von der CDU herausgegebenen *Deutschland-Union-Dienst* vom 1. März 1982 vorlegen lassen sollen. Dort ist ein höchst informativer Beitrag auf Seite 4 überschrieben: "Die Golanhöhen und das Riesengebirge". Darin wird zitiert, wie die in Israel erscheinenden *Israel Nachrichten* das kommunistische Lamento über die Annexion der Golanhöhen zum Anlaß nehmen, *„die Sowjets und die Polen an die völkerrechtswidrige Besetzung deutscher Ostgebiete zu erinnern."*

Die Kernsätze des israelischen Kommentators verdienen festgehalten zu werden:

„Die 'Prawda' hat recht: Wer sich Gebiete aneignet, die im Zuge von kriegerischen Kampfhandlungen besetzt wurden, handelt gegen das Völkerrecht. Die internationale Rechtsauffassung sieht vor, daß solche Gebiete nach Friedensschluß wieder an den ursprünglichen Besitzer zurückgegeben werden. Also müßte Israel die besetzten Golanhöhen eines Tages wieder an Syrien zurückgeben? Völkerrecht ist unteilbar. Es gilt für alle. Es gilt also auch für die Sowjetunion. Ist Moskau bereit, die im Verlaufe des Zweiten Weltkrieges im Kampf gegen Deutschland besetzten Gebiete in Schlesien, Pommern und Ostpreußen wieder herauszugeben? Gilt nicht das, was die 'Prawda' für die Golanhöhen fordert, gleichermaßen auch für das Riesengebirge? ... Laut Völkerrecht ist es übrigens auch verboten, die ansässige Bevölkerung aus besetzten Gebieten zwangsweise auszusiedeln und Ortsnamen umzuändern. Zwischen Königsberg, Breslau, Stettin einerseits und Majdal Schams andererseits gibt es da juristisch gesehen überhaupt keinen Unterschied."

An dieser Rechtslage – so ist dem israelischen Kommentar auch 1995 hinzuzufügen – hat sich bis heute nichts geändert. Daher fordern die Syrer vor einem Friedensvertrag die Rückgabe der Golanhöhen, fordern die Japaner vor einem Friedensvertrag die Rückgabe der Kurilen. Nur der deutsche Bundeskanzler scheint den Völkerrechts-Knigge nicht zu kennen. Dennoch wird man eines Tages erleben, daß alle angeblichen "Unumkehrbarkeiten" vom Besen der Geschichte als Illegimitäten wieder weggekehrt werden.

Die Deutschen müssen deshalb nicht umlernen. Sie haben davon noch gar nichts bemerkt.

(Zitiert aus: *Nation-Europa*, Heft 7-8, Juli/August 1995, S. 42 f.)

„*Das Deutschtum ... muß ausgerottet werden*"

Sehr gut ist uns noch in Erinnerung der Ausspruch des damaligen Wojewoden Grazynski in seiner Eigenschaft als oberster Landesherr von Kattowitz, der es klar und deutlich aussprach: „*Das Deutschtum in Oberschlesien muß ausgerottet werden mit Stumpf und Stiel!*"

Neue Einsichtsperre für Akten in Polen

Nach neuesten Berichten hat Polen eine Einsichtsperre für alle jene Dokumente erlassen, die sich mit Verbrechen an Deutschen in der Nachkriegszeit befassen. Diese Sperre soll nach unseren Informationen nicht nur für den einzelnen Bürger gelten. Vielmehr unterliegt auch die historische Forschung dieser Bestimmung und sie soll sogar auch für Gerichtsverfahren Gültigkeit haben. Wer auf dem Weg nach Europa solche Regelungen trifft, stellt damit nur sein schlechtes Gewissen vor der Weltöffentlichkeit unter Beweis.

(Zitiert aus: *Der Schlesier* vom 5.1.1996, Seite 5.)

Kritische Anmerkungen durch Mieczyslaw Rakowski

Der ehemalige amtierende Premierminister Polens, Mieczyslaw Rakowski, der die deutsche Sprache beherrscht, äußerte im Mai 1995 gegenüber Korrespondenten aus dem Westen:

"Wenn Sie glauben, daß wir hunderttausend deutsche Bergleute aus Oberschlesien ziehen lassen werden, dann täuschen Sie sich. Was dann passieren wurde, wissen Sie genau! Unsere Kohleförderung bräche zusammen und Kohle ist nun einmal Polens Exportschlager Nr. 1! Eher räumen wir Minderheitenrechte ein, darüber ließe sich verhandeln."

(E. Ruge: "Welche Deutschen? Welches Unrecht?", in *Die Welt* vom 28.5.1985.)

Erste Schritte in die richtige Richtung?

Als bemerkenswert ist die Rede zu bezeichnen, die der amtierende polnische Außenminister Prof. Dr. Bartoszewski bei der Gedenkfeier hielt, die das deutsche Parlament im April 1995 bezüglich des Endes des "Zweiten Weltkrieges" veranstaltete.

In seiner Rede ging Bartoszewski auf die "Tragödie" der Zwangsumsiedlungen von Polen und Deutschen und die damit verbundenen "Gewalttaten und Verbrechen" ein. Hier sei angemerkt, daß er als erster polnischer Spitzenpolitiker die Vertreibung der Deutschen nach dem Zweiten Weltkrieg als Unrecht bezeichnete und unter anhaltendem Beifall in Erinnerung brachte, daß unzählige Menschen der deutschen Bevölkerung betroffen waren und daß zu den Tätern auch Polen gehörten. Ich möchte es offen aussprechen, fuhr er in seiner Rede fort, wir beklagen das individuelle Schicksal und die Leiden von unschuldigen Deutschen, die von den Kriegsfolgen betroffen wurden und ihre Heimat verlassen haben. Voll verständlich ist ihr Schmerzgefühl wegen des Verlustes von Angehörigen, jedoch schwer zu respektieren wäre ein Schmerzgefühl wegen des verlorenen Krieges. Weiter sprach Bartoszewski von Schuld und Versöhnung, der moralischen Verantwortung für die ganze Geschichte. Dabei wies er auch auf seine Person hin, er verbrachte acht Jahre wechselseitig in Gefängnissen und Konzentrationslagern.

(Anmerkung des Verfassers der Dokumentation: Prof. Dr. Bartoszewski hat sicherlich einen wichtigen Schritt in die richtige Richtung unternommen. Aber über seinen eigenen Schatten konnte oder wollte er doch nicht springen, sei es aus Diplomatie, sei es aus anderen Gründen. Leider ist die polnische Gesellschaft zerbrechlich, denn sie geht schmerzhaften oder einfach nur unbequemen Wahrheiten gern aus dem Wege. Dies zu begreifen und auszusprechen hat nichts mit Aufrechnen oder gar mit Verdrängung deutscher Schuld zu tun, sondern mit Wahrheitsfindung und mit Wahrhaftigkeit. Denn stets gilt: Wer Schuld verdrängt, handelt ähnlich falsch und wahrheitswidrig wie der, der einseitig sich selbst oder andere beschuldigt. *„Die Wahrheit wird euch freimachen"*, heißt es – aber nur die *ganze* Wahrheit kann das, und selbst die ganze Wahrheit kann nur *jene* freimachen, die sie erkennen *können* und erkennen *wollen* und die bereit sind, die *richtigen Konsequenzen* aus dem Erkannten zu ziehen!)

Zu den Rechtsgrundlagen unserer heimatpolitischen Arbeit

Aus der Präambel des *Grundgesetzes* vom 23.05.1949:

"Das gesamte Deutsche Volk bleibt aufgefordert, in freier Selbstbestimmung die Einheit und Freiheit Deutschlands zu vollenden."

In der *Charta der deutschen Heimatvertriebenen* – die erste friedensbewegende Tat – vom 5.8.1950 verzichteten die Heimatvertriebenen auf Rache und Vergeltung. Sie sagen aber auch: *„Gott hat die Menschen in ihre Heimat hineingestellt. Den Menschen mit Zwang von seiner Heimat trennen, bedeutet, ihn im Geiste zu töten."*

In Artikel 7 des *Deutschlandvertrages* vom 23.10.1954 mit den USA, Großbritannien, Frankreich und uns ist das Ziel der Wiedervereinigung enthalten, und es ist festgelegt, daß keine endgültige Regelung der Grenzen Deutschland vor friedensvertraglichen Regelungen erfolgen darf.

Die sogenannten Ostverträge von 1970 sind keine Grenzanerkennungs-, sondern Gewaltverzichtsverträge. In der Entschließung des Deutschen Bundestages vom 19.5.1972 steht unter Punkt 2, daß die (Ost-)Verträge eine friedensvertragliche Regelung für Deutschland nicht vorwegnehmen und keine Rechtsgrundlage für die heute bestehenden Grenzen schaffen. Und unter Punkt 3 heißt es:

„Das unveränderliche Recht auf Selbstbestimmung wird durch die Verträge nicht berührt. Die Politik der Bundesrepublik Deutschland, die eine friedliche Wiederherstellung der nationalen Einheit im europäischen Rahmen anstrebt, steht nicht im Widerspruch zu den Verträgen, die die Lösung der deutschen Frage nicht präjudizieren."

Das Bundesverfassungsgericht hat in seinen Entscheidungen vom 31.7.1973 und vom 7.7.1975 festgestellt, daß das Deutsche Reich in seinen Grenzen von 1937 fortbesteht, solange kein Friedensvertrag anderes bestimmt, da die gesamtdeutsche Staatsangehörigkeit (Anmerkung: also die der Deutschen auch in Oberschlesien) fortbesteht und die Bundesrepublik Deutschland die Schutzpflicht für ihre Staatsangehörigkeit hat. Da Polen also keine Eigentumsrechte auf die Oder-Neiße-Gebiete hat (Urteil des Bundesverfassungsgerichts), haben wir keinen Anlaß, Gebietsansprüche an Polen zu stellen. Die territoriale Souveränität über die Oder-Neiße-Gebiete liegt rechtlich bei Deutschland. Gebietsansprüche stellt also Polen und nicht wir.

Herbert Kirstein

Präambel des Grundgesetzes

Im Bewußtsein seiner Verantwortung vor Gott und den Menschen,

von dem Willen beseelt, seine nationale und staatliche Einheit zu wahren und als gleichberechtigtes Glied in einem vereinten Europa dem Frieden der Welt zu dienen, hat das deutsche Volk

in den Ländern Baden, Bayern, Bremen, Hamburg, Hessen, Niedersachsen, Nordrhein-Westfalen, Rheinland-Pfalz, Schleswig-Holstein, Württemberg-Baden und Württemberg-Hohenzollern,

um dem staatlichen Leben für eine Übergangszeit eine neue Ordnung zu geben, kraft seiner verfassungsgebenden Gewalt dieses Grundgesetz der Bundesrepublik Deutschland beschlossen.

Es hat auch für jene Deutschen gehandelt, denen mitzuwirken versagt war.

Das gesamte Deutsche Volk bleibt aufgefordert, in freier Selbstbestimmung die Einheit und Freiheit Deutschlands zu vollenden.

BERLINER ERKLÄRUNG
zur Zukunft Ostdeutschlands

Rechtsverwahrung und Nichtigkeitsfeststellung

1. Das Völkerrecht ist – gemäß dem Charakter allen Rechts – unteilbar und unabdingbar. Es gilt somit gleichermaßen für alle Völker.

2. Bezüglich der Gebiete des Deutschen Reiches, die jenseits der sog. Oder-Neiße-Linie liegen, gelten folgende Bestimmungen des Völkerrechts:

a. Die Bestimmungen der Haager Landkriegsordnung (HLKO) vom 18. Oktober 1907 (IV. Haager Abkommen), insbesondere deren Artikel 43, 46, 47, 55 und 56.

Ferner gelten mittelbar kraft Gewohnheitsrecht:

b. Die Bestimmungen des IV. Genfer Abkommens zum Schutze von Zivilpersonen in Kriegszeiten vom 12. August 1949.

Nach diesen Bestimmungen

> gehören diese Gebiete zum Deutschen Reich, und deren angestammte Bewohner haben ihr Wohnrecht und ihr dort gelegenes Eigentum nicht verloren.

3. Gemäß der Wiener Konvention über das Recht der Verträge vom 23. Mai 1969, insbesondere gemäß deren Artikel 49, 52, 53 und 64,

> können zwingende Normen des Völkerrechts auch durch entgegenlautende Erklärungen von Regierungen einzelner Staaten oder auch entgegenlautende internationale Verträge nicht abbedungen werden. Entgegenstehende Erklärungen und Verträge sind demgemäß nichtig.

4. Jede Erklärung durch eine vergangene, gegenwärtige oder künftige Regierung eines deutschen Teilstaats oder eines neuen Gesamtstaats, ebenso jeder Vertrag zwischen einer dieser deutschen Regierungen und der Regierung Polens über eine Abtretung der östlich der sog. Oder-Neiße-Linie liegenden Gebiete des Deutschen Reiches

> sind völkerrechtlich null und nichtig, da sie gegen die unter Ziffer 2 und 3 genannten zwingenden Normen des Völkerrechts verstoßen.

5. Die Unterzeichner

> legen R e c h t s v e r w a h r u n g ein gegenüber jeder Form der Aufgabe der völkerrechtlich gesicherten Rechtsansprüche auf die genannten deutschen Ostgebiete.

> gleichgültig, ob diese Aufgabe nun durch Regierungen der deutschen Teilstaaten oder durch eine künftige gesamtdeutsche Regierung erfolgt.

Die Unterzeichner

stellen zugleich fest, daß sämtliche bisherigen und künftigen Erklärungen, Vereinbarungen und Verträge, die eine Aufgabe oder wesentliche Einschränkung der genannten Rechtsansprüche enthalten, null und nichtig sind und daher von Anfang an keine Rechtskraft besitzen.

6. Die Unterzeichner erklären weiterhin, daß sie die genannten völkerrechtlichen Ansprüche geltend machen

– auf den Grundlagen des geltenden Völkerrechts,

– getreu den sie bindenden Verfassungen, und zwar der Verfassung des Deutschen Reiches vom 11. August 1919, dem Grundgesetz für die Bundesrepublik Deutschland vom 23. Mai 1949 sowie der Notverfassung der Vereinigten Länder des Deutschen Ostens im Deutschen Reich vom 23. Mai 1981,

– eingedenk der Erklärung des Deutschen Bundestages bezüglich der sog. Oder-Neiße-Linie vom 13. Juni 1950.

7. Die Unterzeichner erklären außerdem:

a. Nur gerechte Lösungen von Problemen können richtige Lösungen sein. Die Unterzeichner machen daher die genannten völkerrechtlichen Ansprüche nur geltend im Rahmen eines Strebens nach einer friedlichen und gerechten Lösung für alle Beteiligten. Damit ist ausgesagt, daß sie neben den berechtigten Interessen auf deutscher Seite auch jene auf polnischer Seite gewahrt sehen wollen. Zugleich ist damit aber auch ausgesagt, daß sie eine Abtretung der deutschen Ostgebiete nicht als richtige Lösung ansehen, vielmehr als eine Unterwerfung des geltenden Rechts unter das Unrecht.

b. Sie sind darüberhinaus der Überzeugung, daß eine Abtretung der deutschen Ostgebiete dazu führt, jenen unseligen Unfrieden weiter fortzusetzen, der vor allem mit den polnischen Teilungen im 18. Jahrhundert begann. Dieser Unfrieden muß endlich beendet werden.

c. Sie sind schließlich der Überzeugung, daß die unabdingbare Voraussetzung für eine echte Verständigung zwischen den Völkern Europas darin besteht, daß sich sämtliche Machthaber, seien es nun Regierungen oder andere Machthaber, uneingeschränkt auf den Boden des allgemein als gültig anerkannten Rechts stellen. Das vor allem bedingt, daß sie auf j e g l i - c h e n I m p e r i a l i s m u s verzichten, gleichgültig, ob sich dieser Imperialismus nun in Form von geistiger Manipulation, von Lug und Trug oder ungerechten und einseitigen Beschuldigungen äußert, oder ob er sich in der Drohung oder Anwendung von Gewalt oder in wirtschaftlicher Ausbeutung und Zerstörung zeigt. Zugleich bedingt das die Anerkennung der Rechte eines jeden Volkes auf Erhaltung und freie Entfaltung seines Lebens, seiner Eigenart, seiner Kultur und seiner angestammten Heimat.

Berlin, 31. Mai 1990

Im Namen der Erstunterzeichner:

Roland Bohlinger, Vorsitzender des
Deutschen Rechts- und Lebensschutz-Verbandes

Die *Berliner Erklärung* wurde nach ihrer Abfassung durch Roland Bohlinger von fast fünfhundert Erstunterzeichnern unterschrieben, darunter waren Prof. Dr. Hellmut Diwald mit Frau und Sohn, Prof. Dr. H. Schröcke, Dr. Alexander Schiedewitz, Prof. Dr. C. Warnowski, Ministerialrat a.D. Dr. Harald Schottelius, Prof. Dr. Gerold Adam mit Frau und mehreren Kindern, E. G. Kögel, E.-O. Cohrs, Prof. Dr. C. A. Witt, Dieter von Glahn, Prof. Rolf Stubert, Hans J. Dill, Dr. Hans-Henning Festge, Pierre Krebs, Dipl. Phys. Reinhard Welker, Dr. B. Hügel, Prof. Dr. W. Bauer, Prof. Dr. B. Oertel. Danach wurde diese Erklärung von über 7 000 weiteren Personen unterzeichnet.

Die *Berliner Erklärung* wurde zusammen mit den Namen der ersten etwa 200 Erstunterzeichnern jedem einzelnen Bundestagsabgeordneten zugeleitet, außerdem der Bundesregierung und den Botschaftern der Siegermächte des Zweiten Weltkriegs und der polnischen Regierung. Daneben erhielten die Bundestagsabgeordneten noch die erste Auflage der Schrift von Roland Bohlinger: *Die deutschen Ostgebiete aus historisch-politischer und völkerrechtlicher Sicht,* in dem die *Berliner Erklärung* mit einem Teil der Erstunterzeichner nochmals abgedruckt war. Die genannte Schrift wurde mehrfach erweitert und erreichte eine Auflage von über 50.000 Stück.

Die *Berliner Erklärung* wurde mehrfach, vor allem von "linker" Seite angegriffen. Exemplarisch war der Angriff durch den Sozialdemokratischen Pressedienst *blick nach rechts* (Nr. 19/1990). Sie wurde dort als *"revanchistisch, neonazistisch und rechtextrem"* bezeichnet. Nachstehend sei aus dem Offenen Brief von Roland Bohlinger vom 23.10. 1990 an *blick nach rechts* zitiert:

„Günter Grass erklärte kürzlich, er fürchte sich vor neuen kriegerischen Folgen, wenn Deutschland auch noch seine Ostgebiete wiedergewänne.

Seine Befürchtungen teile ich, ob aus den gleichen Gründen, bezweifle ich.

Doch Furcht ist oft ein schlechter Ratgeber. Man sollte sich daher sehr genau überlegen, was man angesichts einer solchen Befürchtung unternimmt. Auf jeden Fall sollte man einer Gefahr möglichst nicht durch Flucht, sondern durch Bekämpfung ihrer Ursachen begegnen. Verzicht ist meistens Flucht. Verzicht auf Rechte, die nicht allein dem Einzelnen, sondern dem ganzen Volk gehören, ist sogar mehr als Flucht. Denn wer für einen solchen Verzicht eintritt, tritt für einen Verzicht ein, der ihn nicht allein betrifft. Er unternimmt nämlich gewollt oder ungewollt den Versuch, die Rechtsordnung als solche anzugreifen und über die Rechte jener mitzuverfügen, die keinen Verzicht wollen. Und das ist auf jeden Fall ein imperialistisches Verhalten. Daraus folgt, daß man auf die Verteidigung von Rechten, die das ganze Volk betreffen, aus grundsätzlichen Erwägungen heraus, um den Schutz der Rechtsordnung willen, nicht verzichten kann und darf. Es sei denn, man ist nicht bereit, geltendes Recht als Recht, d.h. als verbindliche Handlungsmaxime für alle anzuerkennen...

Das eigentliche Problem liegt freilich woanders. Es liegt nicht in der Zielsetzung: Recht zu verteidigen. Es liegt vor allem in der Methode, wie man zum Ziel gelangt! Das gilt an sich ganz grundsätzlich. Erst recht gilt das aber, seitdem Europa überwiegend imperialistisch strukturiert ist. Das ist zwar schon sehr lange so, aber seitdem pflegen Konflikte zwischen europäischen Staaten meist mit imperialistischen Mitteln und nicht mit rechtgemäßen ausgetragen zu werden. Hier muß vor allem angesetzt werden. Es müssen die Konflikte in rechtgemäßer Form ausgetragen werden. Vor allem müssen die imperialistischen

Strukturen abgebaut und an ihrer Stelle wirklich freiheitlich-rechts-
staatliche entwickelt werden.

Nun sei jedoch beileibe nicht verhehlt, daß es nicht genügt, eine sol-
che Forderung bloß aufzustellen! Viele Menschen belassen es näm-
lich bei solchen Bekenntnissen. Nicht, daß diese Menschen von vorn-
herein nur Lippenbekenntnisse abgeben oder gar unehrliche Absich-
ten verfolgen möchten. Die meisten Menschen sind gutwillig. Der gu-
te Wille allein genügt jedoch nicht. Viele Menschen verdrängen näm-
lich ihre Probleme. Und im vorliegenden Fall besteht das Problem
darin, dem eigenen Bekenntnis getreu auch dort zu handeln, wo dies
Schwierigkeiten bereitet. Da aber die Schwierigkeiten hauptsächlich
aus der Vorherrschaft imperialistischer Strukturen herrühren, insbe-
sondere auf ideologischem, publizistischem und wirtschaftlichem Ge-
biet, sowie aus der Unwissenheit, Bequemlichkeit oder Feigheit des
Einzelnen, darum hat das zur Folge, daß die Verdrängung im allge-
meinen so abläuft, daß die imperialistischen Strukturen obsiegen. Da-
zu kommt, daß sich imperialistische Machtgruppen, wenn sich etwas
politisch bewegt, einzumischen versuchen. Auch wenn sich die eigent-
lichen Betroffenen – im vorliegenden Fall die Polen und die Deut-
schen – auf friedliche Weise einigen möchten, besteht die Gefahr, daß
jene Machtgruppen zur Befriedigung ihrer Interessen eine unfriedli-
che Lösung herbeiführen. Daraus folgt, daß es durchaus nicht unbe-
rechtigt ist, wenn befürchtet wird, das Eintreten für ein von anderer
Seite bestrittenes Recht – im vorliegenden Fall also für das Recht des
deutschen Volkes auf Rückgabe der Ostgebiete – könnte zu einer ge-
waltsamen Art der Auseinandersetzung auch dann führen, wenn fast
alle am Konflikt Beteiligten sich zu rechtgemäßem, gewaltfreiem Ver-
halten bekennen. Erst, wenn man die erwähnten Mechanismen er-
kannt hat und hiergegen klare Abwehrmaßnahmen ergreift, besteht
Hoffnung auf Heilung. Die kürzlich stattgefundene gewaltfreie Revo-
lution in Mitteldeutschland hat gezeigt, daß eine Hoffnung auf Hei-
lung berechtigt ist..."

Bohlinger zitierte dann Punkt 7 der *Berliner Erklärung* und schrieb
anschließend:

„Das ist die maßgebende Zielsetzung und zugleich die Handlungs-
maxime. Warum wird von Ihnen gerade dieser fundamentale Teil der
'Berliner Erklärung' nicht zitiert? Warum wird obendrein aus dem

Zusammenhang herausgerissen und dann noch mit Halb- und Viertel-
wahrheiten gearbeitet? Aus Wahrheitsliebe? Aus Gerechtigkeitsliebe?
Aus klarem Verstand? Und der Vorwurf des Neonazismus, Revanchis-
mus und Rechtsextremismus, warum wird dieser nicht begründet? Ist
man dazu nicht imstande? Vielleicht schon deshalb nicht, weil man
selbst zu sehr die imperialistische Umgebung des eigenen Aufent-
haltsortes verinnerlicht hat? Verdächtigt man deshalb, aus einer in-
neren Folgerichtigkeit heraus, gerade eindeutig rechtmäßige und
zugleich auf Frieden, Verständigung, Ausgleich der Interessen und
Zusammenarbeit gerichtet Bestrebungen als 'neonazistisch, revanchi-
stisch, rechtsextrem'? Wäre es unlogisch, aus diesem Umstand, der im
vorliegenden Fall nicht eindeutiger sein könnte, zu schließen, daß
man mehr oder weniger das Gegenteil als erstrebenswert ansieht,
nämlich rechtsfeindliches, imperialistisches, friedenzerstörendes Ver-
halten?"

In der Reaktion von *blick nach rechts* wurde bereits ein Wesenszug
der *deutschen Schuldneurose* sichtbar. Gemeinhin wird als Ursache
der deutschen Schuldneurose die "einseitige Schuldpropaganda" der
Sieger von 1945 angesehen. Das stimmt wohl nur stark eingeschränkt.
Sicherlich haben die Sieger ein starkes Interesse daran, ihren Anteil
von Schuld an den großen Katastrophen dieses Jahrhunderts, vor allem an der Entstehung des Ersten und Zweiten Weltkriegs und am
Aufstieg des Kommunismus, Faschismus und Nationalsozialismus zu
vertuschen, sei es durch Verdrängung, Leugnung oder Bagatellisier-
ung, sei es durch Verschiebung der Schuld oder durch Übertreibung
des Schuldanteils auf deutscher Seite. Doch dieses Interesse nahm in
den fünfziger Jahren immer mehr ab und wuchs erst wieder mit dem
Anwachsen der Erfolge des wissenschaftlichen Revisionismus und
der dadurch bewirkten Erosion der geschichts-und politikideologisch-
en Grundlagen der Nachkriegsordnung in Europa. Es ist auch sicher
richtig, daß die einseitige Schuldpropaganda der Sieger unter den Be-
siegten seelische Schäden, vor allem solche neurotischer Art anrichte-
te. Trotzdem ist damit nur ein Teil der deutschen Schuldneurose erklärt, die ja offensichtlich inzwischen so weit gediehen ist, daß der
trendbestimmende Teil unserer politischen, ideologischen, publizisti-
schen und kulturellen Führung kaum noch die Wahrung der Interessen
des deutschen Volkes, insbesondere die Wahrung seiner Existenz und
seiner Identität als vorrangig ansieht. Der Hauptgrund für die deut-

sche Schuldneurose ist die "neue Schuld". Ist die wachsende Schuld der führenden Kräfte gegenüber dem eigenen Volk. Diese Kräfte haben jahrzehntelang ein Verteidigungskonzept mitgetragen und mitgefördert, das im Ernstfall das zu Verteidigende, nämlich das deutsche Volk (und mit ihm Teile der umwohnenden Völker) weitgehend vernichtet hätte. Darüberhinaus haben diese Kräfte ein Energiekonzept mitgetragen und mitgefördert, das die gesamte Lebewelt durch radioaktive Schadstoffe schädigt und dessen Vernichtungskapazität beim größten anzunehmenden Unfall ausreicht, um halb Europa unbewohnbar zu machen. Weiterhin haben diese Kräfte eine Lizenz zur befristeten Tötung von Kindern im Mutterleib erteilt. Sie haben ohne irgendeine Gegenleistung einen riesigen Teil urdeutschen Landes verschenkt, verschenkten danach an meist ausländische Großkonzerne deutsches, vor allem mitteldeutsches Volkseigentum, plündern immer stärker das Volk durch zügelloses Schuldenmachen, durch Geldgeschenke an die Europäische Union und auf andere Weise aus, und sie streben inzwischen ganz offen die multikulturelle Gesellschaft an, das heißt die Auflösung des deutschen Volkes durch Überfremdung und die Destabilisierung seiner Rechts- und Wirtschaftsordnung durch Förderung von Überschuldung, Zerstörung der DM, Abwanderung von Teilen der Großindustrie ins Ausland, Arbeitslosigkeit, Ausländerkriminalität, Eurozentralismus. Das alles läßt sich psychisch nur durchführen, wenn man die Schuld an diesen Dingen entweder verdrängt oder auf das Opfer, das deutsche Volk schiebt, d.h. das Opfer zum Sündenbock macht, es verteufelt, insbesondere jede Reaktion, auch die kleinste, zum Schutz der Interessen des Opfers. Da aber eine Schuldneurose an Intensität zunimmt, je länger sie besteht, andererseits eine Person, die aus moralischer Schuld neurotisch wurde, nur geheilt werden kann, indem sie ihre Schuld einsieht und bereinigt, diese Heilung aber bei den meisten Personen unserer Führungsschicht mangels tatkräftiger Krankenbehandlung nicht zu erwarten ist, daher wird diese Entwicklung zu Folgen führen, welche die bisherigen Folgen, einschließlich jene des Dritten Reiches, noch weit in den Schatten stellen dürften.

Weitere Informationshinweise

In der Haager Landkriegsordnung (HLKO) vom 18.10.1907 heißt es in:

Art. 46: *„Das Privateigentum darf nicht eingezogen werden."*
Art: 47: *„Plünderung ist ausdrücklich untersagt."*
Art. 55: *„Der besetzende Staat hat sich nur als Verwalter ... zu betrachten."*

1. Der polnische Staat hat die Haager Landkriegsordnung ratifiziert.

2. Von den Alliierten des Zweiten Weltkrieges sind die Gebiete des Deutschen Reiches jenseits von Oder und Neiße dem polnischen Staat nur zur Verwaltung unterstellt worden.

3. Eine Übertragung der staatlichen Hoheit hat zu keinem Zeitpunkt stattgefunden.

4. Die Alliierten besaßen nicht die staatliche Hoheit über diese Gebiete und verwiesen darum wohlweislich darauf, daß die Regelung der Grenzfragen einem Friedensvertrag vorbehalten bleibt.

5. Die Bundesrepublik Deutschland besitzt ebenfalls nicht die staatliche Hoheit über diese Gebiete und konnte allein aus diesem Grunde keine Übertragung der staatlichen Hoheit über die Provinzen des Deutschen Reiches, die nur zur Zeit unter polnischer Verwaltung stehen, vornehmen.

6. Die deutschen Gebiete jenseits von Oder und Neiße unterstehen gemäß dem Völkerrecht weiterhin dem Deutschen Reich. Folgerichtig gilt in diesen Gebieten die Weimarer Verfassung. Von polnischen Regierungen bzw. vom polnischen Staat erlassene Gesetze sind gemäß dem zwingendem Völkerrecht rechtsunwirksam.

Nach: Horst Zaborowski, *BGD-Nachrichten für das ganze Deutschland*, 5. Jahrgang 1995, Nr. 25.

Verlautbarung der Untersuchungskommission der *Vereinten Nationen* vom 26.8.1994.
Viertes Genfer "Rot-Kreuz"-Abkommen vom 12.8.1949.

Polnisches Komitee Nürnberg II, Mitglied des Weltkomitees, Ch-Lausanne 22, – "Aufforderung" vom 20.9.1994.

Europäische Menschenrechtskommission, Ausg. vom 27.5.1994, S. 4.

Presse und Medien in den USA

US-Zeitschrift *The Village Voice* vom 30.3.1993.

Fernsehsendung von *CBS* "The Kommandant" vom 21.11.1993.

Polnische Presse, Institute, Ämter

Gazeta Wyborcza.

Pariser *Kultura.*

Dziennik Zachodni vom 20.7.1992.

Urzad Bezpieczenstwa (Amt für Sicherheitsfragen) Kattowitz (UB).

Obozy prace pryzymusowy na Górnym Slasku, Wydaunictwo Universitetu, Slaskiego Katowice 1994, S. 57.

Gazeta Gornoslaska, Ausg. Juni 1994, PL-45064 Opole.

Instytut Slaski in Oppeln.

Verträge und Verlautbarungen, Deutsche Bundesämter

Ost-Verträge von 1970. Außenministerium der Bundesrepublik Deutschland, Bonn.

Deutschland-Vertrag vom 23.10.1959 mit USA, Großbritannien und Frankreich.

Entschließung des Deutschen Bundestags vom 19.5.1972.

Entscheidung des Bundesverfassungsgerichts vom 31.7.1973.

Archive

Bundesarchiv Koblenz.

Landesverband der Oberschlesier, Bahnhofstraße 67/69, 40833 Ratingen.

Außenministerium der Bundesrepublik, Bonn.

Außenministerium der Republik Österreich, Wien.

Ehemaliges Ministerium für Vertriebene der Bundesrepublik Deutschland, Bonn.

Deutsche Presse

Der Schlesier, Herrenstraße 12, Recklinghausen, Jahrgänge 1992-1996.

Schlesische Nachrichten, Königswinter, Jahrgänge 1992-1996.

Bielitz-Bialer Beskidenbriefe vom 14.9.1961.

Die Welt vom 28.5.1995.

Deutscher Ost-Dienst – Informationsdienst des BDV, vom 30.9.1994.

Neißer Heimatblatt, Ausg. März 1987, Nr. 180, S. 17.

AGMO – Ostdeutsche Menschenrechtsgesellschaft, Berliner Platz 17, Bonn.

Magazin *Focus,* Nr. 15/1993.

Gleiwitzer-Tarnowitzer-Beuthener Heimatblatt, H. Preußler-Verlag, Nürnberg.

*Komm-Mit-*Verlag,. Münster, Postfach 7680.

Nation Europa, Deutsche Rundschau, Coburg.

Unser Oberschlesier, Verlag Chmielorz, Postfach 2229, Wiesbaden, vom 13.4.1961.

Unabhängige Nachrichten, Postfach 1826, Bingen.

Unsere deutsche Heimat, 5. Jahrgang 1995, Nr. 24, Duisburg.

Das Ostpreußenblatt, Hamburg.

Recht und Wahrheit, Wolfsburg.

Deutscher Universitas-Verlag, München.

Zur Enteignung aller Vermögenswerte der Deutschen in Polen

In einem besetzten Gebiet und über das Verhalten einer Besatzungsmacht gibt es im internationalen Recht besondere Bestimmungen, u.a. auch, die ansässige Bevölkerung so weit wie möglich zu schützen! So ist auf die Artikel 43, 46, 47 und 53 der *Haager Landkriegsordnung* (HLKO), sowie auf das *4. Genfer Rot-Kreuz-Abkommen* vom 12. August 1949 hinzuweisen. Aufgrund der im 3. Absatz des Artikel Nr. 6 des *Genfer Rot-Kreuz-Abkommens* enthaltenen Bestimmung, ist die Besatzungsmacht während der Dauer der Besetzung – soweit sie die Funktion einer Regierung in dem in Frage stehenden Gebiet ausübt, – durch die Bestimmungen der ausdrücklich genannten Artikel des besagten Abkommens gebunden.

Bezüglich des Privat-Eigentums in militärisch besetzten Gebieten sehen die Artikel 46 der HLKO sowie 53 des 4. Genfer Abkommens einen besonderen Schutz vor.

In Anbetracht der hier erwähnten völkerrechtlichen Bestimmungen ist das Vorgehen der beiden Besatzungsmächte Sowjetunion bzw. Rußland und Polen in den deutschen Ostgebieten seit 1944 als völkerrechtswidrig zu betrachten.

Alle Verfügungen der Besatzungsmächte in Bezug auf deutsches Eigentum in den von ihnen besetzten Gebieten sind somit null und nichtig! Darunter auch der Beschluß der polnischen Regierung, daß die Registrierung von deutschen Eigentumsrechten von ihr nur noch bis zum 31. Dezember 1993 angenommen wird.

Die Forderung einer Wiedergutmachung des Unrechts an den deutschen Heimatvertriebenen kann laut Erklärung der UNO-Kommission vom 27. November 1968 nicht verjähren. Gemäß Artikel 8 Absatz 4 des 4. Genfer *Rot-Kreuz-Abkommens* können die Heimatvertriebenen nicht einmal auf ihren Rechtsanspruch auf Wiedergutmachung verzichten. [Die Frage ist natürlich, inwieweit eine Wiedergutmachung möglich ist. Im Sinne einer Wiederherstellung des alten Zustands sicherlich nicht. Geschichte ist nur in Teilbereichen revidierbar. Die Toten können nicht wiederbelebt werden, die seelischen und körperlichen Verletzungen nur in geringem Umfang geheilt werden, die zerstörten Städte können nur in engem Rahmen im alten Zustand wiederaufgebaut werden, es haben sich Nichtdeutsche neu angesiedelt, die nur zum Teil dazu bewegt werden können, freiwillig, gegen eine Entschädigung, das besetzte Gebiet zu verlassen. Volle Wiedergutmachung geht eigentlich nur in Richtung nach vorn, vor allem mit dem Ziel, eine Wiederholung gewaltsamer Auseinandersetzungen zu vermeiden, was Zugeständnisse von beiden Seiten erfordert, derzeit vor allem von den "Vertreiberstaaten", und konstruktive gemeinsame Konzepte für eine freiheitlich-rechtsstaatliche, demokratische, soziale und kultur- sowie wirtschaftsfördernde Entwicklung im nationalen und internationalen Rahmen. Anm. R.B.]

Der Staatsvertrag des Deutschen Osten verwahrt sich gegen jeden Rechtsbruch, der den vereinigten Ostdeutschen Ländern und deren rechtmäßiger deutscher Bevölkerung, den in der Heimat verbleibenden, sowie den aus ihr Vertriebenen, zum Nachteil gereichen würde. Er fordert mit Nachdruck, daß auch dem deutschen Volk alle bis jetzt allgemein anerkannten Menschenrechte ohne jede Einschränkung gewährt werden.

Diese vorgenannten Gesetzeswerke sind von allen Kulturnationen ratifiziert worden. Der sich darauf beziehende Rechtsanspruch der Heimat-Vertriebenen verjährt nicht!

gez. H. W. Bartz

Varia

Zur Doppelmoral der UNO

Die über jahrtausendjährige Geschichte der deutsch-polnischen Nachbarschaft von 966 bis heute kennt weitaus mehr Phasen des konstruktiven Miteinanders als Zeiten von Spannungen und Konflikten. Die vielfältigen dynastischen Verschwägerungen zwischen polnischen und deutschen Fürstenfamilien stehen für diese guten Beziehungen ebenso wie beispielsweise das gemeinsame militärische Vorgehen bei der Befreiung Wiens von den Türken im Jahre 1683. Im Zuge der Christianisierung Polens durch deutsche Missionare und Ordensleute ergaben sich weitere Berührungspunkte zwischen beiden Völkern. Erst in den letzten zwei Jahrhunderten haben sich die deutsch-polnischen Beziehungen nachhaltig verschlechtert, kehrte sich die Nachbarschaft immer stärker in haßerfüllte Distanz. Diese Mißklänge rührten zum einen aus dem Versuch, Ende des 18. Jahrhunderts den polnischen Staat völkerrechtlich auszulöschen, zum anderen trug das Aufkommen des Nationalismus im 19. Jahrhundert wesentlich dazu bei, die eigene Nation jeweils absolut zu setzen und für sie alle Freiheit und Unabhängigkeit in Anspruch zu nehmen. Der Höhepunkt dieser geradezu schicksalhaften Kette der Mißverständnisse wurden im Zweiten Weltkrieg erreicht. (Aus: *Polen und Deutsche*, Alfred Schickel, 1984, Gustav-Lübbe-Verlag, Bergisch Gladbach, Klappentext).

Dan Nimrod, ein israelischer Freiheitskämpfer der ersten Stunde, Verleger und Herausgeber politischer Bücher, schreibt: *„Bezüglich der Vertreibung von 12 Millionen Deutschen aus den Ost-Gebieten, die seitens der UNO nie als verwerflich erklärt wurde ... Für das Rückkehrrecht der vertriebenen Deutschen und der vielen Millionen weiterer Verschleppten in ihre Heimat hat sich die UNO-Generalversammlung nie ausgesprochen. Das ist ein unbeschreiblicher Skandal."*

(*Zur Doppelmoral der UNO*, Komm-Mit-Verlag, 5-6/94, 30.8.94).

Nun heißt es: *„Aufklären und Aufarbeiten, statt Bewältigen, um ein Wort zu korrigieren."*

Koschyk fordert Aufklärung der geschichtlichen Vergangenheit

Im Rahmen der Pan-Europa-Tage in Ulm erklärte der Bundestagsabgeordnete Herbert Koschyk, Vorsitzender der Arbeitsgruppe Vertriebene und Flüchtlinge der CDU/CSU-Bundestagfraktion unter anderem:

„Die Bezeichnung 'Vergangenheitsbewältigung' ist eine Absurdität, etwas Vergangenes kann nicht mehr beeinflußt, also bewältigt werden. Besser paßt der Begriff Aufarbeitung oder Aufklärung der geschichtlichen Vergangenheit. Diese Aufarbeitung hat auch eine ideologische Seite, – es geht um die Dekontaminierung der Hinterlassenschaft und um die Resistenz (Abwehrkraft) gegenüber der Versuchung einfacher fragwürdiger sozialistischer Erklärungen und Deutungsmuster. "

(Zitiert aus: *Tygodnik, Gazeta Górnoslaska*, Juli 1994).

Die Untersuchungskommission

Die *Untersuchungskommission der Vereinten Nationen für Verhinderung von Diskriminierung und Minderheitenschutz* mit Sitz in Genf hat bereits am 26. August 1994 in einer "Abmahnung" der Regierungen erneut festgestellt, daß allen Vertriebenen und Flüchtlingen und Verdrängten nicht nur das Recht auf Freizügigkeit, sondern auch das Rückkehrrecht, insbesondere aber die Niederlassungsfreiheit als geschütztes Menschenrecht zusteht. Durch diese für Millionen Vertriebene und Flüchtlinge wichtige Resolution der UNO-Kommission wird klargestellt, daß das geltende Völkerrecht auch das Recht eines jeden Menschen einschließt, sich an jedem Ort seiner Wahl niederzulassen und in seine angestammte Heimat, in sein Haus auf eigenem Grund und Boden, von welchem er vertrieben wurde oder flüchten mußte, zurückzukehren.

(Nach *Der Schlesier* vom 13.1.1995.)

Aufforderung

Der Kommunismus, trotz Zerfalls seiner Strukturen, ist außer dem Nationalsozialismus eine Schande des XX. Jahrhundert, weil er den größten Völkermord begangen, eine moralische Verheerung und eine Ruine menschlicher Zivilisationen hinterlassen hat.

Wir wenden uns an alle ehrlichen Menschen, einheimischen und internationalen Organisationen, weise Regierungen und Führer von Religionen – vereinigen wir unsere Aktivitäten zum Zwecke der Berufung eines Welt-Tribunals, welches dieses Phänomen unseres Jahrhunderts demaskieren und verurteilen würde. Nichts demoralisiert mehr als die Straflosigkeit.

Wir wollen uns nicht von Rache leiten lassen, aber vom Gefühl elementarer Gerechtigkeit und Logik. Wir wollen in das XXI. Jahrhundert reinen Gewissens eingehen, mit der Überzeugung, daß wir unseren Kindern und Enkeln die Möglichkeiten eines würdigen Lebens gesichert haben.

Darum fordern wir von den Berufenen entschlossen diese Organisation:

1. Der Nürnberger Prozeß muß wiederaufgenommen und aufgelöst werden nach Verurteilung kommunistischer Verbrechen;

2. Die geheimen kommunistischen Akten der Länder und Organisationen müssen enthüllt und ihre Verborgenheit bestraft werden.

3. Die kommunistischen Führer sowie Vollstrecker der Verbrechen müssen demaskiert und ihre Taten verurteilt werden.

Warschau, 20.9.1994   Polnisches Komitee "Nürnberg II".

Polnisches Komitee "Nürnberg II"
00-560 Warszawa, ul. Mokotowska 19 m. 18, Tel. 291992
Mitglied des Weltkomitees "Nürnberg II"
Case Postale 3 CH Lausanne 22

Elf Forderungen der Landsleute in der Heimat

Dieser Forderungskatalog des *Zentralrates der Deutschen* in der Heimat ist im vergangenen Jahr nicht nur dem polnischen wie bundesdeutschen Außenministerium vorgelegt, sondern Ende 1994 auch in Bonn dem Bundespräsidenten Roman Herzog übermittelt worden.

1. Wir sehen die Notwendigkeit der vollen Gleichberechtigung der deutschen Minderheit in Polen:

- bei dem Erwerb aller staatlichen Ämter,

- bei den Problemen der Sicherheit von Institutionen, Anlagen und Personen der deutschen Minderheit,

- beim Zutritt zur Ausbildung, Kultur und Massenmedien in der Muttersprache,

- bei Sozial- und Steuerbestimmungen,

- bei ausländischen Investitionen, besonders deutschen, in den Gebieten der deutschen Minderheit.

2. Im Schulbereich:

- dem Aufbau eines Schulsystems der deutschen Sprache, von Kindergärten bis zu Mittelschulen,

- die Ausbildung einer wesentlich größeren Anzahl der Lehrer für die deutsche Sprache, mit besonderer Berücksichtigung der Angehörigen der deutschen Minderheit,

- eine wesentlich größere Hilfe und Zusammenarbeit beider Staaten bei der Förderung der deutschen Sprache in Polen, besonders in den Gebieten der deutschen Minderheit,

- Ausbildungs- und Weiterbildungsmöglichkeiten in Deutschland für die Angehörigen der jungen Generation der deutschen Minderheit.

3. Im Sozialbereich erwarten wir:

- die Anerkennung der Zeitperiode im deutschen Militärdienst und der Internierung beziehungsweise Zwangsarbeit bei den Renten- und Pensionsansprüchen,

- die Lösung des Problems der Besteuerung der Witwenrenten und Regelung der Zusammenwirken von deutschen und polnischen Rentenberechtigungen,

- eine einmalige Entschädigung von deutscher Seite für besonders hart betroffene Personen,

- Sozialhilfe von beiden Seiten für Personen, die durch die Kriegsfolgen betroffen sind.

4. Wir erwarten die Wirtschaftsentwicklung in den Gebieten der deutschen Minderheit. Wir benötigen:

- beiderseitige Hilfe zur Förderung des Mittelstandes in Zusammenarbeit mit der Stiftung für die Entwicklung Schlesiens und dem VdG,

- Zutritt zum Kontingent von 500 bis 2.000 Arbeitsplätzen in Deutschland zur Verfügung der Stiftung für die Entwicklung Schlesiens,

- Entwicklung der Zusammenarbeit zwischen polnischen und deutschen Regionen und Institutionen, zwischen Städten, Gemeinden und Kommunalverbänden,

- Wiedererhaltung der Arbeitsmöglichkeiten in Deutschland für die deutsche Minderheit,

- Förderung für Investitionen mit ausländischem, besonders mit deutschem Kapital.

5. Im Bereich der Kultur und Massenmedien erwarten wir:

- Gleichberechtigung bei der Finanzierung kultureller Einrichtungen und Veranstaltungen der deutschen Minderheit auf allen Verwaltungsebenen,

- effektiven Schutz und Erhaltung der deutschen Kulturdenkmäler,

- politische Unterstützung für die Seelsorge in deutscher Sprache in den Gebieten der deutschen Minderheit,

- konstruktive Behandlung der Angelegenheiten der deutschen Minderheit in beiden Staaten,

- weitere beiderseitige Unterstützung der deutschsprachigen und zweisprachigen Presse in Polen,

- Gründung eigener Radio- und Fernseh-Redaktionen,

- ständigen Zutritt zum Radio und Fernsehen.

6. Bei der Verteilung und Verwendung deutscher und polnischer Finanzmittel, die für die Unterstützung der deutschen Minderheit bestimmt sind, wollen wir mitentscheiden. Wir rechnen auf eine angemessene Berücksichtigung von Projekten der deutschen Minderheit bei der Stiftung für die deutsch-polnische Zusammenarbeit.

7. Wir stellen fest: Für die Stabilisierung der Lage der deutschen Minderheit soll man ihre bisherigen Rechte in beiden Staaten nicht begren-

zen (Recht auf die Staatsangehörigkeit und Ansiedlung in Deutschland).

Wir erwarten die Rückerstattung der Gleichberechtigung mit anderen deutschen Minderheiten, die durch das Kriegsfolgenbereinigungsgesetz verletzt wurde.

8. Wir erwarten die Gleichberechtigung der Angehörigen der deutschen Minderheit, jetzt polnischen Staatsbürgern, bei der Reprivatisierung in Polen.

9. Wir legen großen Wert auf den Jugendaustausch zwischen Polen und Deutschland, wobei die Jugend der deutschen Minderheit eingeschaltet werden muß.

10. Für die Kriegsfolgenbewältigung auf dem Wege zur guten deutsch-polnischen Nachbarschaft ist es erforderlich, die Vertriebenen und Aussiedler, die emotional mit ihrer Heimat verbunden sind, in die Zusammenarbeit und Mitwirkung einzuschalten.

11. Wir erwarten, daß in Polen die europäische Regel der Eigentums- und Ansiedlungsrechte verwirklicht werden.

Präsidium des VdG
Gerhard Bartodziej
Parlamentarischer Kreis
der deutschen Minderheit
Heinrich Kroll

Unsere Toten in der Region Kattowitz

Die Todeszahlen werden in den Erlebnisberichten der Überlebenden mit 7.000 bis 8.000 angegeben. Bei den vorhandenen Totenlisten des Standesamtes in Schwientochlowitz wurden mindestens 1.600 Todesfälle beurkundet, jedoch kann man von dieser Zahl keineswegs ausgehen. Der Verlag erwartet in Kürze die Aushändigung von rund 800 Kopien von Sterbeurkunden aus dem Standesamt Kattowitz, in der nächsten Auflage dieses Buches werden die Daten aus diesen Urkunden berücksichtigt werden. Der Verlag bemüht sich außerdem um Beschaffung von Kopien der Sterbeurkunden im Standesamt Schwientochlowitz. In der Warschauer Zeitung *Rzeczpospolita* wird als offizielle Angabe die Zahl von rund 10.000 Toten genannt, wobei allerdings ein Nebenlager Jaworzno mit einbezogen wurde (s. die Übersetzung des Artikels in der *Pommerschen Zeitung* vom 24.5.1977, Titel: „Ex-Häftlinge polnischer Nachkriegs-KZs organisieren sich"). In der Zeitung *Trybuna Slaska* vom 14.5.1997 ist davon die Rede, daß 35.000 Personen das Lager durchliefen, davon seien 1.600 umgekommen. In dem Buch von John Sack *Auge um Auge* steht auf S. 329: *„Auf Anordnung des Deutschen Bundestages wurde vom Bundesarchiv eine Geheimstudie durchgeführt, die dem Bundestag am 28. Mai 1974 vorgelegt wurde. Der Bericht schloß mit den Worten:'In den polnischen Lagern und Gefängnissen waren vermutlich mehr als 200.000 Menschen inhaftiert, von denen 20-50 Prozent starben. Dies würde bedeuten, daß zwischen 40.000 und 100.000, sicherlich aber mehr als 60.000 hier umkamen.' Nachdem die Sterblichkeit in manchen Lagern fünfzig Prozent betrug, wäre die Zahl 40.000 zu niedrig; da in anderen Lagern die Sterblichkeit nur zwanzig Prozent betrug, wären 100.000 zuviel; daher meine Schätzung, daß 60.000 bis 80.000 Menschen umkamen. Die Zahl kann in Wahrheit durchaus höher sein, denn in manchen Lagern starben achtzig Prozent der Insassen – was der Bericht nicht erwähnt."* Da es in Polen laut Bundesarchiv Koblenz insgesamt 1.482 Lager und Gefängnisse gegeben hat, worunter in die fünf bekanntesten bereits mehr als 100.000 Häftlinge gerieten, ist die Angabe von *„vermutlich mehr als 200.000"* Inhaftierungen mit Sicherheit erheblich tiefgestapelt (und möglicherweise ein Produkt der von alliierter Seite kontrollierten Form von Vergangenheitsbewältigung).

Hingewiesen sei außerdem auf die Dokumentationen im Bundesarchiv Koblenz und auf das Buch *Verbrechen an Deutschen* (Seiten 131ff., 208ff., 197ff. und 318).

Die von den Hinterbliebenen immer wieder gestellten Fragen über die letzten Ruhestätten der im Lager Zgoda verstorbenen Deutschen sind nur bedingt zu beantworten. Erst nachdem sich die *Deutschen Freundschaftskreise* in Oberschlesien entwickelten, machten es sich Mitglieder dieser Kreise zur Aufgabe, die Massengräber ausfindig zu machen. Auf dem katholischen Pfarrfriedhof in Schwientochlowitz-Zgoda ist leider kein Grab von den Opfern des Internierungslagers aus den Jahren 1945-1951 zu finden. Alle Gräber wurden, meist in den Jahren 1965-1970, eingeebnet. An diesen Stellen befinden sich neue Grabstätten. Aus formalen Gründen beschränkten sich die DFK-Ortsverbände zunächst auf drei Grabstellen. Es war das einmal der bereits genannte Pfarrfriedhof in Schwientochlowitz. Weiterhin ging es um den katholischen Friedhof in Kattowitz-Petrowitz, auf dem sich ein Massengrab befindet, in welchem ungefähr 50 deutsche Soldaten ruhen, die im Januar 1945 von der russischen Armee erschossen worden waren. Dieses Grab ist von der hier lebenden deutschen Bevölkerung angelegt worden; nach den Aussagen noch lebender Zeugen lagen die Leichen in dieser Gegend nackt auf den Feldern, sie sind mit großer Hingabe in dieses Massengrab gelegt worden. Infolge eines Beschlusses des Vorstandes des DFK-Ortsverbandes machte eine Delegation am 31.1. 1993 mehrere Besichtigungen und legte Blumengebinde nieder. Nach Aussagen von Josef Malek aus der Ortschaft Rybnik, der seit einigen Jahren in rührender Weise versucht, die Massengräber von Zgoda ausfindig zu machen, sollen sich in der Umgebung des Lagers Zgoda vier Friedhöfe befinden. Da aber deren Kapazität nicht ausreichte, erfolgten die Bestattungen auf nahegelegenen Feldern in Massengräbern, angeblich auch auf der Hubertus-Höhe, die seit langer Zeit ebenfalls eingeebnet sind. Bisher hatte der *Deutsche Volksbund für Kriegsgräberfürsorge* seine Zuständigkeit noch nicht offen bekundet, trotz Aufforderung durch den Verfasser. Es waren unschuldige heimatverbundene Menschen, die oft schon seit Generationen in diesem Gebiet ansässig waren und die im Wechselbad politischer und kriegerischer

Ereignisse ihren Pflichten nachgingen. Sie ahnten nicht im entferntesten, einmal in so scheußlicher Weise in den Tod getrieben zu werden.

Die Frage, warum die Kirchen beider Konfessionen während des Mordens schwiegen und später, als es um die Aufklärung dieses Mordens ging, weiter schwiegen, wird wohl weitgehend unbeantwortet bleiben.

Selbst mit den Hilfsmitteln modernster Technik lassen sich die Spuren eines umfangreichen Massenmordes nicht gänzlich vertuschen. Irgendwann sollte der Tatbestand der angeblichen Unauffindbarkeit von Massengräbern mit Tausenden von Leichen, die Opfer einer fast systematischen Ausrottung einer ganzen Volksgruppe wurden, Anlaß zum Nachdenken geben. Jedenfalls darf die Unauffindbarkeit der Massengräber den tatsächlich erfolgten Genozid nicht in Vergessenheit geraten lassen.

Nach vorliegenden Fotos sollen sich auf dem Gelände des ehemaligen Lager Zgoda teilweise sogar Schrebergärten befinden.

Verstorbene

In Ermangelung von Todesbescheinigungen konnten in der Liste der Todesopfer jene nicht erfaßt werden, die nach Entlassungen aus dem Lager an den Folgen der Folterungen und Entbehrungen verstorben sind.

Ein Teil der Namensliste ist dem *Neißer Heimatblatt* (Verfasser Berthold Adolf unter Mitarbeit von Pfarrer Wilke), Ausgabe März 1987, Nr. 180, S. 17, entnommen. Andere aufgeführte Namen sind in den Erebnisberichten aufgezeichnet. Dazu ist anzumerken, daß bei den Angaben durch Mithäftlinge möglicherweise Korrekturen der Schreibweise erforderlich sind, es können auch Irrtümer über Geburts- und Sterbedaten oder den Namen des letzten Wohnorts entstanden sein. In der Vornamen-Spalte wurde, wenn der Vorname nicht bekannt war, bei Männern nichts, bei Frauen (weiblich) angegeben. Der Verfasser übernimmt keine Gewähr für die Richtigkeit der Angaben. Für weitere Nachforschungen verweist er auf die Möglichkeit, in Listen der Standesämter, Kirchen und Friedhöfe nachzusehen, ob dort Eintragungen erfolgt sind. Den Angehörigen wird empfohlen, sich auch an die Heimatortskartei im Landesverband der Oberschlesier, Bahnhofstraße 67/69 in Ratingen zu wenden. Die Daten aus den im Standesamt von Schwientochlowitz liegenden Sterbeurkunden, die nach offiziellen Meldungen rund 1.600 Todesfälle dokumentieren, sind hier nicht erfaßt, da der Verfasser hierzu keinen Zugang hatte. Dem Verleger dieses Buches wurde jedoch zugesagt, daß er in Kürze Kopien von etwa 800 Sterbeurkunden aus dem Standesamt Kattowitz bekommen könnte. Die Namen aus diesen Sterbeurkunden und aus weiteren Ergänzungen, die von Lesern kommen dürften, werden dann in die zweite Auflage dieses Buches aufgenommen werden. Möglicherweise gelingt bis dahin auch noch ein Zugang zu den Unterlagen des Standesamts in Schwientochlowitz.

Name	Vorname	Beruf	Geburtsd.	letzter Wohnort	Todestag
Augustin	Karl				
Anderko					
Barczok				Königshütte	
Bayer	Erich (?)			Hindenburg	
Becker	Leonhard	Dr.Ing.	21.03.1881	Kattowitz	22.06.1945
Becker	Leonhard	Pfarrer	21.03.1888	Kattowitz	22.06.1945
Becker	Erich		22.04.1912	Schwient.	19.08.1945
Badura				Myslowitz	
Buschmann	Karl		30.06.1888		09.08.1945
Christen	Josef (1)		27.09.1909	Neiße	Juli 1945
Christen	Josef (2)		15.10.188?	Schwient:	01.08.1945
Cogalla					
Czaja	Herbert				
Czerner					
Drutschmann	Karl		1887	Schwient:	Juli 1945
Dzierzawa	Willi				
Ender					
Eckert	Martin		1900	Königshütte	
Eggert		Pfarrer	1905		
Farlinski	Franz				22.07.1945
Galle	August		06.08.1886		03.08.1945
Gall					
Gebauer	Theodor		30.12.1898	Kattowitz	09.08.1945
Glombig					
Gurski	(weiblich)				in Liblionz

Name	Vorname	Beruf	Geburt	Ort	Tod
Heine				Beuthen	
Heidenreich		Pastor		Beuthen	
Hentschel	Josef		26.08.1886		06.08.1945
Holzbrecher	Franz		14.03.1893		02.09.1945
Hoffmann	Heinrich			Kattowitz	
Hunger	Alfons				
Jendryschik	Josef	Kfm.	10.12.1880	Kattowitz	9.08.1945
Kania					
Kupka	Wiktor				
Kindler				Kattowitz	
Kinne	Josef		22.09.1894		Juli 1945
Kipka	Franz		ca. 65 J. alt		
Kelimann	Paul		22.10.1890	Schwiento.	Juli 1945 ?
Kupietz	(weiblich)				
Kruppa	Martin		1905		
Laszczok					
Lauxs					
Leder	Erwin			Kattowitz	
Molitor	Stefan		1879/1880		
Mosler	Georg		08.04.1886	Schwiento.	03.04.1945
Marke	Karl		12.05.1908	Schwiento.	03.04.1945
Michalik	Sophie				15.10.1945
Muschalek					
Politor	Stefan			Pleß	
Rather					
Romberg		Polizeiarzt		Beuthen	
Ratschek		Lehrer		Neiße	
Rühlemann	Paul		15.10.1898		Juli 1945
Schneider					
Schmid		Schlmstr.		Gleiwitz	
Slowik		Fabrikant		Königsh.	
Sperner	Franz		14.03.1893		02.09.1945
Stehr	Josef				
Szubert	Oswald		01.10.1894		02.08.1945
Swientek	(weiblich)				
Stephan				Richterschs.	
Seliger					
Thulo					
Trzaskalik	Wilhelm		27.06.1896		28.07.1945
Wahner	Franz		30.07.1890	Kattowitz	03.11.1945
Wilke	Paul	Lehrer	13.09.1903	Beuthen	03.11.1945

Weimershaus				Leopsch.
Wientel				
Woitzig				Kattowitz
Wolf	Edgar	Pfarrer	28.08.1882	Gleiwitz-S.

Überlebende

Es folgt ein Namensverzeichnis "überlebender Häftlinge" des Lagers *Zgoda*, die in der Nachkriegszeit in die DDR oder die Bundesrepublik Deutschland übersiedelten. Die Erstellung dieser Liste erfolgte seinerzeit von der *Landsmannschaft der Oberschlesier e.V.*, Bundesverband-Referat *Häftlingsfragen*, mit der damaligen Anschrift: 29 Oldenburg, W.-Krüger-Str. 8.

Im Verlauf der vergangenen Jahre ist es natürlich möglich, daß durch Heiraten Namenswechsel erfolgten, aber auch Todesfälle eingetreten sind. Anfragen sind jetzt an die *Landsmannschaft der Oberschlesier*, Bahnhofstr. 67/69 in 40833 Ratingen (Tel.: 02102 / 68033) zu richten.

Auch diese Liste erhebt keinen Anspruch auf Vollständigkeit, richtige Schreibweise der Namen und jetzige Gültigkeit. Da noch einige Lagerinsassen in Ost-Oberschlesien leben, ist es angezeigt, sich mit Nachfragen auch an den dortigen *Deutschen Freundschaftkreis*, die *Sozial Kulturelle Gesellschaft Deutschstämmiger Bürger* (Towarzystwo Sozialno Ludnasci Pochodzeniu niemieckiego Wojewodzwie Katowickia), Vorsitzender Georg Kabus, ulica Gliwicka 88, PL-40857 Katowice, zu wenden.

1. Augustin, Walter
2. Beer, Josef
3. Boreczek, Dorothea
4. Biernot, Heinz
5. Buczek, Franz
6. Budka, Maria
7. Bukowski, Anton
8. Chumra, Clemens
9. Cyprian, Albert
10. Czaja, Stefan
11. Cuajerek, Ernst
12. Degner, Erich
13. Dirschel, Margarete
14. Dorda, Adolf
15. Dunkel, Paul
16. Durynek, Wilhelm
17. Dziekanek, Ilse
18. Fick, Charlotte
19. Finger, Angelika
20. Foitzig, Ilse
21. Frystatzki Johanna
22. Fuchs, Maria
23. Gleis, Charlotte
24. Goerlich, Hans

25. Glombig, Ferdinand
26. Golka, Erna
27. Goetz, Ingeborg
28. Gralla, Ignaz
29. Growitz, Johann
30. Gruschka, Gerhard
31. Gruselka, Hermine
32. Gusenberg, Josef
33. Heffner, Leo
34. Herberg, Wilhelm
35. Herbst, Alois
36. Herma, Elisabeth
37. Hink, Lydia
38. Hoffmann, Heinrich
39. Hointza, Ingeborg
40. Jarczok, Margarete
41. Kaboth, Karl
42. Kischel, Horst
43. Klaszczyk, Alois
44. Kliemt, Benno
45. Kloda, Franz
46. Kloda, Hedwig
47. Kloda, Josef
48. Koj, Engelbert
49. Korpak, Emma
50. Kostecki, Martha
51. Kosalla, Johann
52. Kosielski, Lydia
53. Kosmol, Arthur
54. Krafczyk, Oskar
55. Kostelnik, Oskar
56. Kratzer, Ursula
57. Kuhnert, Karl
58. Kulpa, Maria
59. Keller, Ilse
60. Kupka, Wiktor
61. Kwaszny, Christine
62. Kwoka, Johann
63. Leuza, Luise
64. Lex, Martha
65. Madej, Maria
66. Mzionga

67. Mazur, Paul
68. Majewski, Hubert
69. Mazurek, Valentin
70. Metzner, Albert
71. Metzner, Rudolf
72. Miodek, Werner
73. Mohr, Gerhard
74. Moszny, Wilhelm
75. Nitze, Isabella
76. Nowak, Hedwig
77. Ogorek, Max
78. Papst, Karl
79. Pwalik, Hermann
80. Pilz, Theofil
81. Pohl, Maria
82. Proske, Editha
83. Pieronczyk, Paul
84. Pöschke, Alfred
85. Preuß, Gerhard
86. Przyvilla, Johann
87. Pyrkosch, Helmuth
88. Pyszny, Robert
89. Ratka, Alois
90. Rauer, Günther
91. Respondek, Paul
92. Richet, Peter
93. Richter, Alois
95. Rojek, Rudolf
95. Rotter, Irene (1)
96. Rotter, Irene (2)
97. Rotter, Arthur
98. Röttgen, Margarete
99. Samol, Georg
100. Sander, Luzi
101. Sczakiel, Josef
102. Skolaud, Werner
103. Spendel, Herrmann
104. Schega, Josef
105. Schimke, Karl
106. Schott, Wilhelm
107. Stacha, Marie
109. Stanko, Agnes

110. Steitz, Anni
111. Tratzka, Auguste
112. Truch, Wilchelm
113. Tunk, Elisabeth
114. Walla, Wilhelm
115. Wiesemann, Vally

116. Wosnitzka, Anselm
117. Wonschik, Gerhard
118. Wilczek, Ewald
119. Witschel, Walter
120. Zmarzly, Josef

Danksagung

Eingangs hatte ich auf die Schwierigkeiten hingewiesen, weshalb diese Dokumentation erst nach Ablauf von über 50 Jahren fertiggestellt werden konnte. Es kam dazu, daß meine an die polnischen Behörden und das Bischöfliche Ordinariat gerichteten Briefe nicht beantwortet wurden.

Dem verstorbenen Heimatforscher A. Aschmann, sei besonders gedankt. Er hatte sich mit dem Thema *Zgoda* unter großem Zeitaufwand und durch viele Befragungen ehemaliger Überlebender beschäftigt. Seine Leistung soll hier besonders hervorgehoben und gewürdigt werden. Ohne seine Vorarbeiten wäre diese Veröffentlichung nicht zustandegekommen. Ihm gilt daher mein besonders tief empfundener und herzlicher Dank.

Diese Veröffentlichung wäre auch nicht zustandegekommen ohne die aktive Unterstützung und Mitwirkung einer großen Zahl von Personen sowie einiger Organisationen und Presseorgane. Ich bedanke mich bei allen sehr herzlich! Es sind das folgende:

Butz, H. W., Schriftsteller
Buy, Dr. Frans du, Experte für internationales Völkerrecht
Calsteren van Lek, Anneliese
Gudrun, Andreas, Hauptgeschäftsführer des Landesverbandes der Oberschlesier in Ratingen
Huglfing, Schriftsteller
Karski, Sigmund, Historiker und Buchautor
Kirstein, Herbert, Publizist
Kleve, P., Publizist
Kögel, E. G., Publizist
Kruppa, Friedhofswärter
Nawratil, Dr. Heinz, Journalist
Preradovich, Dr. Nikolaus von, Historiker und Buchautor
Pfeiffer, Angelika, Abgeordnete des Deutschen Bundestags
Schickel, Dr. Alfred, Historiker und Buchautor
Schreiber, Hermann, Historiker und Buchautor
Sack, John, Reporter und Buchautor

Sander, K. H., Publizist
Zaborowski, Horst, Publizist
Zalewski, Sigrid von, Publizistin
Wilke, Franz, Pfarrer

Außerdem sind folgende Organisationen, Redaktionen und Archive zu nennen:

AGMO – Ostdeutsche Menschenrechtsgesellschaft in Bonn
Deutscher Freundeskreis in Kattowitz
Der Schlesier
Schlesische Nachrichten
Gleiwitzer-Beuthener-Tarnowitzer Heimatblatt im Preußler Verlag
Magazin *Recht und Wahrheit*
Unser Oberschlesien, Chmielorz Verlag
Landsmannschaft der Oberschlesier in Ratingen, Archiv
Bundesarchiv in Koblenz
Radio Kattowitz (Katowice) und die deutschen, polnischen, englischen und amerikanischen Fernsehgesellschaften.

Ich danke herzlich auch allen ehemaligen Lagerinsassen und -insassinnen für die von ihnen gelieferten Berichte, ohne die es nicht möglich gewesen wäre, diese Veröffentlichung zustandezubringen!

Hinweis: Wir suchen selbstverständlich weiteres Material, das dann in kommenden Auflagen berücksichtigt werden kann.

Schlußwort

Immer, wenn wir uns irgendwie und irgendwo versammeln, sollten wir der vornehmsten Pflicht nachkommen und unserer oberschlesischen Brüder und Schwestern gedenken, die in polnischen Gefängnissen und Konzentrationslagern den Tod fanden. Wir sollten dies auch tun, weil die immerwährende Erinnerung an die Opfer von Krieg und Gewalt zur abendländischen Kultur gehört und weil das Gedenken als Mahnung zum Frieden unter den Völkern, zur Verständigung über den Gräbern sowie zur Achtung, Würde und Freiheit des Menschen eine ständige und verpflichtende Aufgabe für jeden von uns ist.

Nur ein Volk, das seine Toten ehrt, ist fähig, sich selbst zu achten und verantwortlich für die nachfolgenden Generationen zu handeln. Wir tun dies in steter und treuer Erinnerung an das Vermächtnis, das uns die Toten auf den Weg gegeben haben, nämlich alles Menschenmögliche zu tun, damit sich das nicht wiederholt, wofür sie das Opfer ihres Lebens bringen mußten.

Es haben jene, denen die Gnade der Heimkehr in unser Vaterland Deutschland geschenkt wurde, schon sehr bald nach dem großen Völkerringen über die Gräber hinweg die Hände zur Versöhnung und Verständigung unter den Völkern gereicht und diese Hände wurden angenommen. So hat auch hier die Kriegsgeneration im Verbund mit den Millionen von Heimatvertriebenen zu der schier übermenschlichen Aufbauleistung unseres zertrümmerten Vaterlandes entscheidend beigetragen, lange bevor Politiker in der Lage waren, den Boden zu bereiten, auf dem die zunächst zarte Pflanze der Völkerverständigung und Völkerfreundschaft aufgehen und gedeihen konnte. Diese Pflanze hat sich inzwischen zu einem kräftigen Gewächs entwickelt. Hierbei sei betont, daß sich die in Deutschland tätigen Landsmannschaften in ihren Satzungen verpflichtet und seitdem zur dauernden Aufgabe gemacht haben, darauf hinzuwirken, daß unsere Grenzen und Tore weit geöffnet sind und n i e m a n d   v e r t r i e b e n   wird! Doch zugleich fordern sie zusammen mit allen anderen Menschen, die guten Willens sind, daß zum Zweck der Förderung einer umfassenden Völkerverständigung, einer umfassenden, auf Recht und Gerechtigkeit gegründeten nationalen und internationalen Ordnung, sowie zum Erhalt des Friedens und der Freiheit in der Welt und zum Abbau imperialistischer Denk- und Verhaltensweisen eine wahrheitsgemäße, das Wesentliche erfassende Darstellung der Geschichte und der sie gestaltenden Kräfte durchgesetzt wird. Dazu gehört, daß eine Wiedergutmachung für das Unrecht geleistet wird, das auf beiden Seiten geschah, und zwar vorrangig durch jene Personen, Gruppen und Ideenträger, die hierfür die Hauptverantwortung trugen und seitens jener, die daraus absichtlich oder unabsichtlich Vorteile zogen. Denn nur so gelingt die dringend notwendige Herstellung einer auf Recht und Gerechtigkeit fußenden Ordnung sowie eine Schließung der geschlagenen Wunden. Da dies aber nur in wenigen Bereichen rückwärtsgewandt geschehen kann, also durch Wiederherstellung des vorherigen Zustands, muß die Wiedergutmachung vorwärtsgewandt geschehen, sie muß sich konstruktiven Projekten zuwenden, vor allem der Förderung einer umfassenden Wahrheitsfindung im Verbund mit einem Streben nach Schutz des Lebens, der Identität und der Selbstbestimmung aller Völker und nach wirtschaftlicher wie kultureller Höherentwicklung, wobei der schlesische Volksstamm im Bereich Identitätsschutz, kulturelle Förderung und Selbstbestimmung angesichts der Zerstörungen, die er in diesem Jahrhundert erleiden mußte, besonderer Berücksichtigung bedarf.

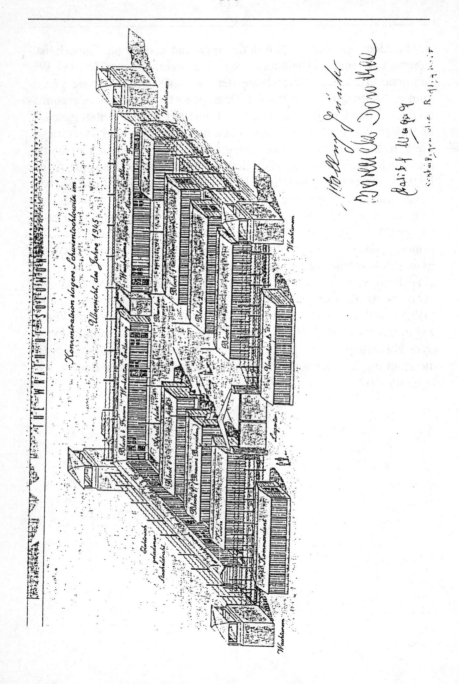

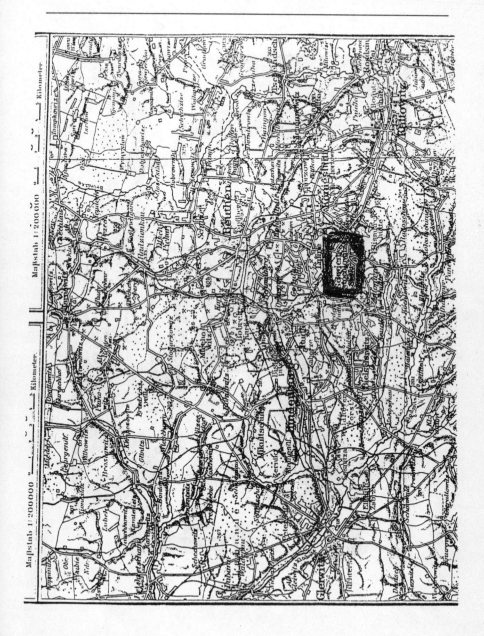

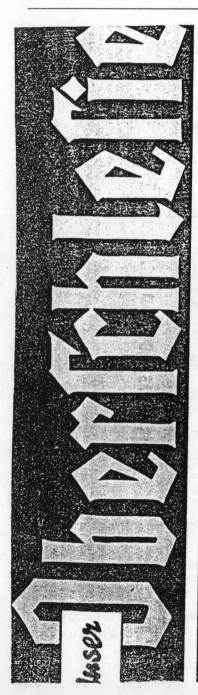

Organ der Landsmannschaft der Oberschlesier e. V. Bundesverband

? – 27. Juni 1997

Wirbel um Reich-Ranicki

Mit einem Vorwort des ARD-Journalisten Tilmann Jens sind in einem Berliner Verlag Memoiren das polnischen Doppelagenten Krzysztof Starzynski erschienen, die eigentlich eine Auseinandersetzung mit dem „Literaturpapst" Marcel Reich-Ranicki sind. Der Autor, seines Zeichens KZ-Häftling, Sproß einer renommierten polnischen Offiziersfamilie, selbst hochdekorierter Offizier und einst Mitarbeiter von Reich-Ranicki sowie Vorwortautor, halten dem Literaturkritiker vor: Dem berüchtigten „Judenrat" angehört zu haben, später Chef der polnischen Stasi-Einsatzgruppen in Oberschlesien gewesen zu sein, die 1945 auf alle „Volksfeinde", wie demokratische Opposition und deutsche Zivilbevölkerung Jagd machten. Später habe er als Resident der polnischen Stasi (PUBP) in London 2000 mißliebige Exilpolen an die Warschauer Zentrale denunziert, und daß er zu den 1100 Führungskräften der polnischen Stasi zählte. In Polen flickt man dem „Literaturpapst" schon seit geraumer Zeit am Leder. Zuerst wetterte der bekannte Filmregisseur Krzysztof Zanussi darüber, daß Reich-Ranicki wegen seiner Vergangenheit bei Polens Stasi keinen Anlaß sehe, sich zu schämen. Danach erschien die polnische Version des Buches „Doppelagent".

Dann meldete sich das Organ der Polnischen Bischofskonferenz „Slowo" zu Wort und hielt Reich-Ranicki seine polnische

Stasivergangenheit vor.

Dem folgte die Veröffentlichung einer wissenschaftlichen Arbeit der Universität Kattowitz über die kommunistischen Nachkriegs-Zwangslager. Im Beitrag des Historikers Prof. Dr. Zygmunt Woniczka über „Die Tätigkeit des polnisch und sowjetischen Unterdrückungsapparates in Oberschlesien ab 1945 wird der Hauptmann Marcel Reich-Ranicki als Kommandeur der gefürchteten Operationsgruppen bei der PUBP (Stasi) Woiwodschaftskommandantur in Kattowitz identifiziert. Darauf fragte die Wochenzeitung der Deutschen in Polen, das Oppelner „Schlesische Wochenblatt", ungeniert „Deutschlands Literatur-Starkritiker ein Verfolger der Deutschen?"   Joachim Georg Görlich

Verzeichnis der benutzten Literatur und Archive

Ahrends, *Ostdeutsche Menschenrechtsgesellschaft.*

Albach, *Oberschlesien, heutige Gestalt.* Brockhaus, Bd. 3, S. 414 f.

Anzeiger der Notverwaltung des Deutschen Ostens, Groß-Wittensee, verschiedene Jahrgänge, Herausgeber und Verleger: Horst Ochmann.

Arndt, Claus, *Die Verträge von Moskau und Warschau, Politische, verfassungsrechtliche und völkerrechtliche Aspekte.* Bonn, 1982.

Aschmann, Hermann, Sammlung von Erlebnisberichten, archiviert bei der *Landsmannschaft der Oberschlesier* in 40833 Ratingen und im *Bundesarchiv* in Koblenz.

Auswärtiges Amt und Bundesministerium des Inneren (Hg.), *Die deutsch-polnischen Verträge* vom 14.11.1990 und 17.6.1990. Bonn 1990.

Auswärtiges Amt, *Menschenrechte in der Welt, Konventionen, Erklärungen, Perspektiven.* Bonn 1985.

Auswärtiges Amt (Berlin), Weißbücher zur Vorgeschichte und Ausweitung des Krieges (8 Bände, jeweils verschiedene Titelbezeichnungen). Berlin 1939 ff., Nachdruck im Verlag für ganzheitliche Forschung, Viöl 1996.

Babczynski, Georg, *Unsere Toten in der Region Kattowitz.*

Bartz, H. W., "Zur Erinnerung", in *Der Schlesier*, Herner Str. 12 a, 45657 Recklinghausen.

Bartodziej, Gerhard und Heinrich Kroll, "Elf Forderungen der Landsleute in der Heimat" in *Der Schlesier*, 15.2.1995, Herner Str. 12 a, 45657 Recklinghausen.

Benz, Wolfgang, *Die Vertreibung der Deutschen aus dem Osten.* Berlin.

Blumenwitz, Dieter, *Die Ost-Verträge im Lichte des internationalen Vertragsrechts, insbesondere der Wiener Vertragskommission.* Bonn 1982.

Blumenwitz, Dieter, *Flucht und Vertreibung.* Vorträge auf einem Symposium, veranstaltet vom *Institut für Völkerrecht der Universität Würzburg,* München 1987.

Brandes, D. Prof. Dr., *Vertreibung und Aussiedlung der Deutschen aus Ost-Mittel-Europa*, Hauptseminar Heinrich-Heine-Universität, Düsseldorf, Institut für Kultur und Geschichte der Deutschen im östlichen Europa.

Bohlinger, Roland, *Die deutschen Ostgebiete aus historisch-politischer und völkerrechtlicher Sicht.* Viöl 1991, 6. Auflage.

Bund der Vertriebenen, *Kulturelle Arbeitshefte*, Heft 29: *Die Vertreibung der Deutschen. Unbewältigte Vergangenheit Europas.* Bonn 1991.

Bund der Vertriebenen, *Verletzungen von Menschenrechten.* Eine Dokumentation der Verletzungen von Rechtspflichten zum Schutz der Menschenrechte gegenüber Deutschen in den Gebieten des Deutschen Reiches östlich ovn Oder und Neiße und außerhalb der Grenzen des Deutschen Reiches. Bonn.

Bundes-Archiv. 56070 Koblenz.

Charta der deutschen Heimatvertriebenen. 5.8.1950.

Dietrich, Dr., *Oberschlesien 1920* (in: *Der Neue Brockhaus*, Leipzig, Seite 414 f.).

Welt, Die. Springer-Verlag, Hamburg-Berlin.

Ebray, Alcide, *Der unsaubere Frieden,* Faksimile der Ausgabe von 1925, Viöl 1996.

Esser, Dr. med. Heinz, *Die Hölle von Lamsdorf.* Laumann Verlag, Dülmen, 5. Auflage.

Festge, Dr. Hans Hennig, "Offenkundige Tatsachen", in: *Recht und Wahrheit*, 11/1993 und 12/1993. Wolfsburg.

Fuchs, Werner, *Selbstzeugnisse polnischen Eroberungswillens,* Verlag für ganzheitliche Forschung, Viöl 1990, 2. Auflage.

Gesamtdeutsches Institut, Seminar-Material

Gleiwitzer-Beuthener-Tarnowitzer Heimatblatt. Preußenverlag, Dagmarstr. 8, 90482 Nürnberg.

Goldberg-Haynauer, Nr. 42/2, S. 18. Verlag H. D. Bittkau, Hannover.

Hedin, Sven. *Amerika im Kampf der Kontinente.* Nachdruck, Arndt-Verlag, Kiel 1996.

Heike, Otto, *Das Deutschtum in Polen 1918-1939.* Verlag für ganzheitliche Forschung, Viöl 1995, 2. Auflage.

Hülsen, von. "Der Kampf um Oberschlesien", in: *Der Neue Brockhaus*, Bd. 3, S. 414 f.

Hupka, Dr. Herbert, *Unruhiges Gewissen.* Langen-Müller-Verlag, München.

Irving, David. *Deutschlands Ostgrenze*, Arndt-Verlag, Kiel.

Jaeckel, Dr. Georg und Roland Bohlinger, *Der Überfall auf den Gleiwitzer Sender.* Verlag für ganzheitliche Forschung, Viöl 1996, 2. A..

Kaiser, Arnim, *Handbuch zur politischen Erwachsenen-Bildung.* München 1990.

Kaisig, "Deutsches Grenzland Oberschlesien 1927-1928" in: *Der Neue Brockhaus*, Bd. 3, Seite 414 f.

Karski, Sigmund, *Woijciech Korfanty.* Laumann-Verlag, Dülmen 1990.

Karski, Sigmund, "Die Flucht des Kommandanten" in: *Schlesische Nachrichten*, 4/1994, Königswinter;

Karski, Sigmund,"Finden die Verbrechen an den Oberschlesiern ihre Sühne?" *Schlesische Nachrichten*, 22/1992, Königswinter.

Kaps, Johannes, *Die Tragödie Schlesiens 1945-1946.* Deutscher Taschenbuch-Verlag, München 1962.

Kirmich, Otto. *Das Recht auf Heimat.* Bonn 1989.

Kabus, Georg. *Unsere Toten in der Region Kattowitz.*

Karwat, Krysztof. "Die Buchhaltung des Todes" in: *Dziennik Zachodni*, Katowice., 8.8.1993.

Kirstein, Herbert. *Eine Schrift über den Tag hinaus - Oberschlesisches Mosaik*, Bundestreffen in Essen 1988, Tag der Oberschlesier, S. 21 ff.

Knochenhauer, "Die oberschlesische Montanindustrie", in: *Der Neue Brockhaus*, Bd. 3, Seite 414 f.

Kögel, Ernst-G., *Eine Kette von Aggressionen.* Vereinigung Gesamtdeutsche Politik, Remscheid.

Komm-Mit-Verlag, Münster, Schlesierstr. 32.

Laun, Rudolf, *Die Haager Landkriegsordnung. Das Übereinkommen über die Gesetze und Gebäude des Landkriegs.* Wolfenbüttel 1947.

Landesverband der Oberschlesier, Ratingen, Bahnhofstr. 67/69.

Ministerium für Vertriebene, Flüchtlinge u. Kriegsgeschädigte. *Die Vertreibung der deutschen Bevölkerung aus den Gebieten östlich der Oder-Neiße.* Weltbildverlag Augsburg, Bd. 2, S. 325.

Nawratil, Dr. Heinz, *Die Vertreibung der Deutschen - unbewältigte Vergangenheit Europas.* Kulturelle Arbeitshefte, Nr. 29. Hg. *Bund der Vertriebenen,* Bonn 1991.

Nawratil, Dr. Heinz, *Die Vertreibungsverbrechen an Deutschen.* Universitas-Verlag, München.

Notverwaltung des deutschen Ostens, *GOG-Zirkelbriefe,* Groß-Wittensee, verschiedene Jahrgänge.

Nicolai, "Oberschlesien im Ringen der Völker 1930", in: *Der Neue Brockhaus,* Bd. 3, S. 414 f.

Neubach, Helmuth, *Oberschlesien im Rückblick.* Oberschlesischer Heimat Verlag, Laumann, Dülmen.

Oberschlesischer Kurier, Zeitung für Kattowitz und Umgebung. Haus Schlesien, Königswinter.

Ochmann, Horst, "Rundschlag", *Zirkelbrief* Nr. 106, November 1993, Groß Wittensee, Seeuferstr. 4.

Oertzen, von F. W., *Das ist Polen,* Verlag für ganzheitliche Forschung, Viöl 1993.

Preradovich, Nikolaus. *Deutschland und Polen.* Türmer Verlag, Berg am See.

Rauschning, Hermann, *Die Entdeutschung Westpreußens und Posens,* Verlag für ganzheitliche Forschung, Struckum 1990.

Sack, John, *Auge um Auge,* Kabel-Verlag, Hamburg 1995.

Schickel, Dr. Alfred, *Deutsche und Polen.* Lübbe-Verlag, Bergisch-Gladbach.

Schieder, Prof. Dr. Theodor, *Vertreibung der Deutschen aus Ost- und Mitteleuropa.* Bd. 1 u. 2, Bund für Vertriebene, Köln.

Schieder, Prof. Dr. Theodor, Kulturstiftung der Deutschen Vertriebenen, *Vertreibung und Vertreibungsverbrechen 1945-1948.* Bericht des Bundesarchiv vom 28.5.1974, Archivalien und ausgewählte Erlebnisse, Bonn 1974.

Schlee, Prof. Emil, in: *Nation Europa,* 96414 Coburg.

Der Schlesier, Breslauer Nachrichten. Verlag H. Ilgner, Herner Str. 12 a, 45657 Recklinghausen.

Schulze-Dirschau, Heinrich, *Oder-Neiße – Muß Deutschland verzichten?* Türmer Verlag.

Schwidetzky, "Die polnische Wahlbewegung in Oberschlesien" in: *Der Neue Brockhaus*, Bd. 3, Seite 414 f.

Schumann, Dr. Renate, *Muttersprache.* Langen-Müller und Herbig Verlag, München.

Schreiber, Hermann, *Die Vandalen.* Scherz-Verlag, Bern und München 1979.

Sadlo, Ehrentraut. *Die Vertreibung der Deutschen aus den alt- und neupolnischen Gebieten 1945-1947.*

Unser Oberschlesien. Organ der Landsmannschaft der Oberschlesier e. V., Bundesverband, Verlag Chmielorz GmbH, Wiesbaden.

Wagner, Franz und Fritz Vosberg, *Polenspiegel.* Verlag für ganzheitliche Forschung, Struckum 1988, 2. Auflage.

Zayas, Alfred de, *Die Angloamerikaner und die Vertreibung der Deutschen aus dem Osten.* Kohlhammer Verlag, Stuttgart.

Zylla, Waldemar, *Oberschlesien im Rückblick.* Oberschlesischer Heimatverlag, Laumann, Dülmen.

Zaborowski, Horst, *Die Haager Landkriegsordnung.*